# 談話と構文

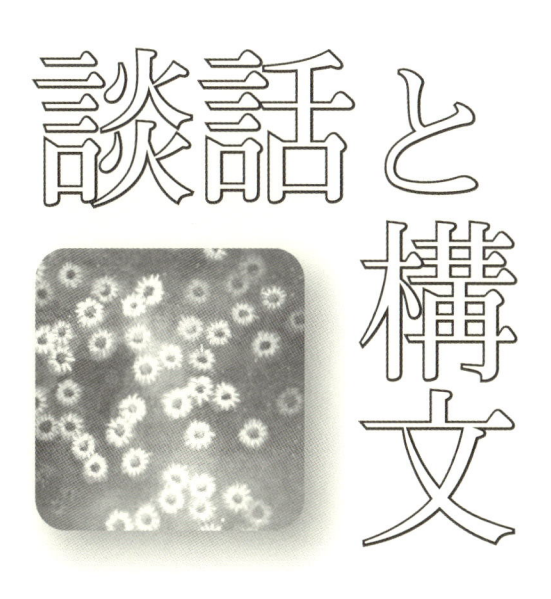

伊藤 晃 著

大学教育出版

# はしがき

　本書は，筆者がこれまで大学紀要，雑誌，研究会誌等に発表した論文のうち，分裂文といくつかの接続表現に関する論考をまとめたものである．

　筆者の現在の研究領域は，英語学および日英語対照研究であるが，最初に卒業した関西大学商学部では，商業英語を専攻していた．関西大学のゼミでは，中間敬弌先生の指導を受け，英語商業通信文で用いられる "softeners" と呼ばれる表現について卒業論文をまとめた．関西大学卒業後，数年間の会社勤めを経て，神戸市外国語大学2部に編入学した．編入学当初は，英語教育に興味を持っていたのであるが，筆者の関心は次第に英語の文法研究，あるいは日本語の文法研究に移っていく．英語の文法研究については，ゼミの指導教官であった和田四郎先生から指導を受け，前置詞句に関する卒業論文を書いた．和田ゼミのゼミ生であった頃，筆者はアポイントメントもなしに先生の研究室を訪ねることがしばしばあったのであるが，先生はいやな顔ひとつされず，長時間議論につきあってくださった．大学の授業とは別に，当時，益岡隆志先生が主催されていた文法研究会にも参加していた．この研究会に参加することで，英語学に加えて，日本語学さらには日英語対照研究に興味を持つことになった．益岡先生は，指導教官ではなかったにもかかわらず，神戸市外国語大学2部，同大学大学院修士課程に在学中には，特に現代日本語文法研究に関して，ご指導いただいた．修士論文は，分裂文の日英語対照研究を行ったのであるが，英語については和田先生に，日本語については益岡先生に指導していただき，大変恵まれた状況で研究を進めることができた．神戸市外国語大学大学院を修了した後は，立命館大学大学院博士後期課程で児玉徳美先生の指導を受け，充実した3年間を送ることができた．

　筆者はこれまで，興味の赴くままにさまざまな言語現象を取り上げてきたため，自身の研究には甚だ一貫性が欠けているものと考えていた．しかしながら，本書の執筆を機会にこれまでの研究を振り返り，自身の研究がおおむね複文に

関するものと談話に関するものにまとめられることが明らかになった．本書ではそれらのうち，分裂文と接続表現に関する研究が取り上げられている．

　一貫性を意識せずに，その時々の興味・関心に従って行ってきたいくつかの研究を後に振り返った時に，それまでバラバラであると考えていた研究と研究の間に実は繋がりがあることを発見し，そこからさらに新たな議論を展開することは非常に面白い営みである．大学に職を得て13年余りが経ち，研究面で多少の蓄積ができたせいか，近頃このように感じるようになった．ただ単に年をとったということかもしれないが，まんざら悪い気分でもない自分がいることも確かである．

　2010年1月

伊藤　晃

## 談話と構文

**目 次**

はしがき ……………………………………………………………… i

# 第Ⅰ部　分裂文 ……………………………………………………… 1

## 第1章　日本語の分裂文の談話における機能 …………………… 2
1. はじめに　*2*
2. 先行研究の紹介　*3*
3. 日本語の分裂文の談話における機能　*5*
4. まとめ　*19*

## 第2章　分裂文・疑問文・ウナギ文 ……………………………… 21
1. はじめに　*21*
2. 分裂文と「疑問文+答え」　*22*
3. 分裂文とウナギ文　*29*
4. おわりに　*32*

## 第3章　分裂文と「のだ」文
　　　　── 課題設定のあり方と構文の文脈依存性 ── …………… 33
1. はじめに　*33*
2. 「のだ」文と分裂文　*34*
3. 分裂文および「のだ」文と文脈　*36*
4. まとめ　*41*

## 第4章　分裂文と情報のなわ張り理論 …………………………… 43
1. はじめに　*43*
2. 情報のなわ張り理論　*43*
3. 情報のなわ張り理論による分裂文の分析　*47*
4. 「XのはYだ」と「XのがYだ」　*51*
5. 前提部分の名詞句的性格　*55*
6. おわりに　*58*

目次　v

## 第II部　接続表現 ……………………………………………… 59

### 第1章　Even so ／それでも，そうだとしても，それにしても ……… 60
1. はじめに　*60*
2. 接続表現 "even so" について　*61*
3. 接続表現 "even so" と Sweetser（1990）の "Domain"　*62*
4. 接続表現「それでも」「そうだとしても」「それにしても」について　*64*
5. おわりに　*69*

### 第2章　理由を表す now that 節をめぐって ……………………… 71
1. はじめに　*71*
2. "Now that" 節の統語的特徴　*72*
3. "Now that" 節が表す事態の特徴　*74*
4. "Now that" の接続機能の多様性　*76*
5. "Now that" 節の用法の拡張　*79*
6. おわりに　*81*

### 第3章　コンピュータ・コーパスを利用した now (that) 節の分析 … 82
1. はじめに　*82*
2. 本章で利用したコーパスについて　*83*
3. now(that) 節の統語的特徴と意味的特徴　*86*
4. now(that) 節とテンス・アスペクト　*91*
5. now(that) 節の生起位置と Sweetser（1990）の3認知領域　*94*
6. now(that) 節の用法の拡張　*96*
7. now(that) 節の内部構造について　*98*
8. おわりに　*100*

### 第4章　接続表現としての「それも」
──情報付加のあり方と文法化の可能性── ……………… *104*
1. はじめに　*104*
2. 「それも」の接続機能　*107*
2. 文法化の可能性　*112*
3. 「それも」と文末のモダリティ　*121*
4. まとめ　*124*

参考文献 ……………………………………………………………… *126*

## 凡　例

① 例文における「＃」は談話の冒頭であることを示す。
② 例文における「＊」は非文であることを示す。
③ 例文における「？」は不自然な文であることを示す。
④ 例文における「？？」は「？」よりも不自然さの度合が高いことを示す。

# 第I部

## 分裂文

# 第1章 日本語の分裂文の談話における機能

## 1. はじめに

英語には①のような文から派生された②,③のような文が存在する.

① John bought a car.
② What John bought is a car.
③ It is a car that John bought.

③は Cleft Sentence あるいは It-Cleft とよばれ,②は Pseudo-Cleft あるいは Wh-Cleft とよばれる. 英語の Cleft に相当する日本語の構文は④のような文から派生された⑤のような文である.

④ 太郎は車を買った.
⑤ 太郎が買ったのは車だ.

⑤のような文は「太郎が買ったのは他の何物でもなく車だ.」といった読みが与えられることから「強調構文」とよばれることが多いが, 本章では「分裂文」あるいは「XのはYだ」構文といったよび方をする[1]. 本章の目標は, 日本語の分裂文の談話における機能を明らかにすることである[2]. まず次の2節において日英語の分裂文に関する先行研究を概観した後, 3節で日本語の分裂文の具体例を検討しながら同構文が談話においてどのような機能を果たしているかを考察する. 最後に4節では, まとめを行うとともに今後の課題について述べる.

## 2. 先行研究の紹介

日本語の分裂文を談話のレベルで論じたものとしては Inoue（1982）がある．Inoue（1982）は，日本語新聞報道文の「冒頭部分」「中程」「終わりの部分」に典型的に見られる文のタイプを提示し，構造的，意味機能的観点からそれらの分布を必要に応じて英語と対照させながら説明しており，その中で分裂文も取り上げている．

談話の冒頭部分においては日英語ともに疑似分裂文（本書でいうところの「分裂文」「X のは Y だ」構文，英語の Wh-Cleft）は現れない．英語の分裂文（It-Cleft）はほとんど現れない．述語の後に要素は来られないという構造上の制約から日本語には分裂文（英語の It-Cleft）は存在しない．日本語の擬似分裂文は同じ構造的，意味的な特徴を持つ．主語名詞句は前提を表す Free Relative Clause であり，日本語では Copula の前，英語では Copula の後の要素が焦点を表す．例えば次例のごとくである．

⑥　<u>学生たちが読みたがっていたのは</u><u>この談話分析の本でした</u>．
　　　　　前提　　　　　　　　　　　　　焦点

⑦　<u>What the students wanted to read</u> was <u>this book on discourse analisis</u>.
　　　　　前提　　　　　　　　　　　　　焦点

より正確には，⑥，⑦の前提は⑧である．

⑧　The students wanted to read something.

したがって⑥，⑦は同じ前提を持つ以下の疑問文に対する適切な答えとなる．

⑨　学生たちは何を読みたがっていたのですか．

⑩　What did the students want to read?

そして Inoue（1982）は，以下のような「談話の原則」を設定している．

①自然な情報の流れは「旧 → 新」である．

②談話の冒頭部分では主題がただちに設定されなければならない．

③主題の設定を助ける既知情報が主題に隣接していなければならない．

談話の冒頭部分では先行文脈とのつながりはないから，話者と聞き手との間

に共有された一般的な知識がない限り主題を設定することはできない．新聞報道文の性格上，話者と聞き手との間で共有される知識は非常に少ないと思われる．したがって，疑似分裂文は「談話の原則」に合わない．第1に，疑似分裂文の前提が話者と聞き手によって共有されることは容易ではないので，主題がすぐには設定されない（原則2に違反）．第2に，主題が設定されないので「旧→新」の情報の流れが保たれない（原則1に違反）．第3に，疑似分裂文の前提部分に含まれる既知情報は主要部を持たないので，主題の設定を助けない（原則3に違反）．

上記の観察に基づいて自然に予想されることであるが，疑似分裂文は談話の冒頭部分には現れない．実際，同氏の資料によれば日英語とも疑似分裂文が現れる頻度はゼロであるということである．

ところが小説やエッセイにおいては，日本語の疑似分裂文がある文学的効果の為に談話の冒頭部分で用いられることがある．

⑪　そいつに始めて出会ったのは基地の横手だった．

It was by the graveyard that I met him for the first time.

⑫　犬のハツが重傷を負ったのは根室沖地震の翌日，まだ幾度となく余震が続いている昼下がりのことだった．

It was early afternoon of the day after the Nemuro Oki Earthquake when after-shocks were still felt repeatedly, that our dog Hatsu was seriously wounded.

同氏は，これらの文が文学作品において使われる事実は英語の分裂文とともに，より大きな枠組の中にこれらを位置づけることで説明されるとしている．

次に，Prince (1978) は英語のWh-CleftとIt-Cleftの違いを談話レベルで分析している[3]．まずWh-Cleftに関しては「Wh節内の情報が発話を聞いた時に聞き手の意識の中に存在すると協力的な話者が想定しうるようなものでなければWh-Cleftは首尾一貫した形で談話の中に現れることはできない」としている．Wh-Cleftの先行詞となる情報には⑬のように明示的なものもあれば，⑭のように非明示的なものもある．

⑬　There is no question what they$_i$ are after. What the committee$_i$

is after is somebody at the White House. They$_i$ would like to get Haldeman or Colson, Ehrlichman.

⑭ At first contact he developed a furious hatred for the party of the Social Democrats. "What most repelled me", he says, "was its hostile attitude toward the struggle for..."

It-Cleft について同氏は，これをさらに 2 つのタイプに分類している．焦点に強勢が置かれた It-Cleft（Stressed Focus It-Cleft）と，前提部分の情報的価値が高い It-Cleft（Informative Presupposition It-Clerft）である．焦点に強勢が置かれた It-Cleft は，前提部分（that/wh 節）が聞き手がそのことについて考えてはいないだろうが，知っているあるいは演繹できると話者が想定しうるような情報を表し，焦点は新情報，対照的な情報を表す．次の⑮がその例である．

⑮ ...So I learned to sew books. They're really good books. It's just the covers that are rotten.

これに対して，前提部分の情報的価値が高い It-Cleft は前提部分（that/wh 節）は聞き手には明らかに知られていないが，話者が周知の事実であるとみなす情報を表しており，概して短い照応的な焦点を持つ．that 節内の情報を聞き手に知らせるための構文である．次の⑯がその例である．

⑯ # It was just about 50 years ago that Henry Ford gave us the weekend. On September 25, 1926, in a somewhat shocking move for that time, he decided to establish a 40-hour work week, giving his employees two days off instead of one.

## 3. 日本語の分裂文の談話における機能

### (1) 話題導入機能

談話における日本語の分裂文「X のは Y だ」構文の主たる機能は談話に話題を導入することである．先行文脈を受けはするが，話者は聞き手の知識の状態に関して何らかの想定を行っているわけではない．聞き手の知識の状

態とは関係なく新たに導入された話題,「Y」に注意を引き付けて話を展開していくのである. 同構文は「前提＋焦点」の情報構造を持つことから英語の Wh-Cleft によりよく対応すると考えられるが, 英語の Wh-Cleft の前提部分が Prince (1978) が指摘しているように聞き手が考えていると話者が想定しうるような情報を表しているのに対して, 日本語の分裂文の前提部分「X」にはそのような特徴は認められない[4]. 機能的には, むしろ Prince (1978) のいう Informative Presupposition It-Cleft に近いと思われる. 例を見てみよう.

⑰　一人の子供が桟橋から飛び込んだ. そのまま 12, 3 メートルの海底まで潜り, 足首に留めていたナイフで段ボール箱の封を裂いた. 箱にびっしりと詰まっていたのはレコード盤だった. 子供はその中の一枚を持って浮上し, 男に,「これ貰っていいですか?」と聞いた. 子供が手に握っていたレコードのジャケットは, 大きくてキラキラした黒い車から降りる夜会服の女の写真だった.（村上龍「悲しき熱帯」）

分裂文によって談話に「レコード盤」の話題を導入し, 後続部分で「レコード盤」についての記述が行われているのが分かる. 以下の例についても同様である.

⑱　こうして, それから 5 年間, 毎年 10 月から春まで向こうでコタツ売り. コタツの土壌があったので商品の説明には困らなかったが, 手を焼いたのは, その国民性に基づく商法でした.「昨年 10 台売ったから, 今年は 30 台を」と頼むと, 向こうは客待ち商法なのでのんびりしたもの.「去年は寒かったから売れただけ. 今年はどうなるか分からない. インシャラー（アラーの神のおぼしめしのままに).」どこに行っても,「インシャラー. インシャラー」という厚い壁. 営業努力という言葉はここにはなく, 自然の成り行きのままです.（毎日新聞 9 月 25 日 1991 年)

⑲　事件後, 子供たちは風の子学園がある小佐木島を訪ね, 機関紙で「事件緊急特集号」を組んだ. 少年, 少女の死について「園長が死なせた, というが, 二人の心を殺したのは周囲だ」と書いたのは多々良浩君（18）＝愛媛県越智郡生名村＝だ. 多々良君は, 高校入学後, 学校へ行かなくなった. 半年後退学. 風の子学園から母へ入学案内が届いた.「こんな

とこへ入れるつもりなんか」.多々良君は食ってかかった.(毎日新聞8月29日1991年)

⑰,⑱,⑲では分裂文によって話題が導入され,その直後にその話題についての記述が現れているが,次例に見られるように導入された話題とそれについての記述との間に他の要素が介在し分裂文の話題導入機能が読み取りにくくなる場合がある.

⑳　革命から,絶え間無い衝突と流血へ.内戦,飢餓,農村荒廃,大粛清,第二次大戦へと,数千万人の人々の血が流れた.ソ連が再びその道を歩むのではないか.人々の不安は消えないのである.しかし,ソ連の将来への不安以上に,私が素直に受け入れられないのは,声高に叫ばれる社会主義への追及の声である.すでに東欧革命が始まる前,米国のブレジンスキー元大統領補佐官は共産主義の大崩壊を予告していた.(中略)ナチス・ドイツの強制収容所よりひどい「収容所群島」が存在し,ナチス・ドイツ以上の犠牲者を出した弁解のできない歴史があったことも,もちろん知っていた.しかし,私はレーニン像を倒し,社会主義を罵倒する人々の姿に声援を送る気持ちにはなれなかった.同じような光景が東欧でも繰り広げられたが,あの時よりも,私の気持ちは冷めていた.勝てば官軍で,人々は共産党員を非難し,「共産党はわれわれを支配し,隷属させていた」と口々に叫ぶ.確かに事実はそうだったかもしれない.(毎日新聞　9月19日1991年)

また次の㉑では分裂文の前提部分が省略された形で話題が導入されている.

㉑　中国の賓客,鄧小平夫妻が日本にやってきたのは1978(昭和53)年10月22日.鄧の当時の肩書は副首相だが,中国を代表する最高実力者として日中平和友好条約の批准書交換に立ち会うためだった.戦後はじめて日本が迎える中国要人である.翌23日朝,鄧小平は迎賓館での歓迎行事のあと,首相官邸大ホールで行われた批准書交換式に福田赳夫首相らと臨み,宮中へ.(毎日新聞6月9日1991年)

先に日本語の分裂文は,先行文脈を受けはするが英語のWh-Cleftと違って前提部分は聞き手の意識の中に存在すると話者が想定しうるような情報を表し

てはいない．つまり話者は聞き手の知識の状態について何らかの想定を行っているわけではないと述べた．このことをもう少し詳しく見ておこう．これまでにあげた例には先行文脈とのつながりが比較的容易に理解されるものが多かったが，次のような例ではどうだろう．

㉒ そんなある日，作家の土師清二先生が，突然訪ねて下さったのです．家の暮らしぶりを見て「若いうちの苦労は，かっても出るもの．頑張んなさいよ」．そうおっしゃって結婚祝いにデパートの商品券を下さいました．なにはともあれ，<u>一番最初に買わせていただいたのは，まな板でした</u>．（板きれをまな板がわりにしていたのです）抱えて帰って一尺五寸（約50センチ）ほどの流しに同じ大きさの新品のまな板を置いたら，何だか勇気がふつふつとわいたのです．恩情をいただいた私は，強くなっていました．（毎日新聞7月4日1991年）

「商品券をもらえばそれで何かを買う」と聞き手は考えているといった想定を話者が行っていると解釈することは可能であろう．次の㉓，㉔についても同様に先行文脈とのつながりが何らかの推論によって理解されると考えることはできるだろう．

㉓ その前年（1972年）の6月，私は久し振りにアイヌ民族と話す機会があった．北海道を転任で去って以来ちょうど10年ぶりである．それは日高の平取町二風谷に完成した「二風谷アイヌ文化資料館」の開館式に出席，取材するためであった．今ではかなり知られるようになったアイヌ出身の民族学者，萱野茂氏の永年の努力の結晶である．<u>まず注目したのは，この資料館の正式名が「アイヌ文化」となっている点だった</u>．10年前だったらおそらく「ウタリ文化」とされたに違いない．それが堂々と「アイヌ」を正面にすえたのだ．会場で多くのアイヌたちと話して，こうした変化の背景をかなり理解することができた．（本多勝一「日本人は美しいか」）

㉔ まったく身に覚えのないAさんとしては，否認した．裁判になった．証言台の警官によれば，Aさんは先行車を追い上げる状態で右側車線を走ったという．<u>担当弁護士がまず重視したのは警官のメモだ</u>．メモは「現

認係」(実際に走行車を見て判断する係) によるものと，その報告を受けて停止させる係によるものの二種があるが，後者のメモが明らかに走り書きなのに対し，前者は各車の車種，商品名，色，走行状態が，あまりにも整然たる楷書の漢字とともにギッシリ記入されている．これは裁判にそなえて，停止係のメモから逆にでっちあげたニセ・メモではないか…．(本多勝一「日本人は美しいか」)

㉓では，取材の目的で資料館を訪れたのであれば取材対象である資料館の何かに注目するはずであるといった解釈を与えることができるであろう．一方㉔については，裁判には弁護士がつきもので，弁護士は訴訟を進める際に何かを重視するといった推論を行うことで先行文脈とのつながりが認められるかもしれない．いずれにせよ，㉒，㉓，㉔の各例においても分裂文によって話題，「まな板」「資料館の正式名が「アイヌ文化」となっている点」「警官のメモ」が談話に導入され，後続部分でこれらに関する記述が続く形で話が展開されていることに注意されたい．㉒，㉓，㉔では先行文脈とのつながりが明示的な形では現れていないものの話者が聞き手の知識の状態に関して何らかの想定を行っていると考えることは可能であったが以下にあげる例ではそのように考えることさえできないように思われる．

㉕　約 57 億円をかけ，今春開校したばかりの東京都立新宿山吹高校は，刈谷東の普通科 2 コースに対し，普通科と情報科で 6 コースと多様な講座が用意されている．<u>驚かされるのは，チャイムの鳴らない校内を好きな服装で闊歩する生徒の意欲の高さだ</u>．「親に頼るのが嫌だから，就職して通えるところを選んだ」「中学では登校拒否になったけど，ここなら自分のペースで勉強できる」と話す個性派ぞろい．(毎日新聞 7 月 5 日 1991 年)

本例のように分裂文「X のは Y だ」構文の X の部分に話者の感情，主観的な判断等を表す表現が用いられている場合，先行文脈とのつながりを何らかの形で認めようとするのは無理である．聞き手との共有知識，聞き手の知識に関する話者の想定といったこととは無関係に分裂文を使って談話に話題を導入し話を展開していると見なすのが自然である[5]．

㉕のような分裂文の用いられ方は決して例外的なものではない．㉖，㉗を参照されたい（㉖は対談である）．

㉖　本多　…だから前提としておかしいのだけれども，いちおうそういう意味で，条件をつけたうえでいえば，たとえば差別をつくるとき一番やりやすいのは，見てすぐちがうものがあるときです．たとえば身体障害者だとか，色がちがうとか．そういう意味でいうと，アイヌは見た目にちがいがわかりやすい．毛深いとか，あるいは何と無く…．

　　　青田　ほりが深い…．

　　　本多　違って見えるでしょう．すると差別がやりやすい．<u>おもしろいと思うのは，今の青田さんがいった「ほりが深い」という表現をめぐるカルチュア（文化）です</u>が，日本の伝統的な物の見方からいえば，「ほりが深い」ということはいいことではなかったわけです，けっして．「ほりが深い」ということばじたいがおかしいのね．（本多勝一「日本人は美しいか」）

㉗　総理府がこころみた「教育に関する世論調査」について，朝日新聞が紹介した記事の前書き（リード部分）の冒頭をそのまま引用すれば次のようになる（1983年3月7日朝刊から）．（中略）<u>「なるほど．やっぱり」と思いながら連想したのは，戦争中の日本の親の姿であった</u>．徴兵されたわが子を戦場に送る当時の母親たちの心理は次の3種に大別されたであろう．（本多勝一「日本人は美しいか」）

㉕，㉖，㉗についてもこれまで見てきた分裂文の例と同様に，それぞれの分裂文によって導入された話題，「生徒の意欲の高さ」「ほりが深い」という表現をめぐるカルチュア」「戦争中の日本の親の姿」についての記述が後続部分に認められることはいうまでもない．

これまでの議論で日本語の分裂文の談話における主たる機能は，話題を導入することであるということが明らかになったと思う．以下では，このような分裂文の機能をさらに詳細に分析していくことにする．

## (2) 談話の冒頭に現れる分裂文

次の㉘に見られるように分裂文は談話の冒頭に現れることがある．

㉘ #中国残留日本人孤児と呼ばれる人々がはじめて来日したのは<u>1981年だった</u>．以来，写真家，新正卓さんは宿舎の東京，代々木オリンピック記念青少年センターに通って，全員の写真を撮り続けた．（毎日新聞1989年）

（1）において日本語の分裂文では，話者は聞き手の知識の状態に関して何らかの想定を行っているのではないと述べたが，㉘のような分裂文の存在はこの主張を支持している．先行文脈が存在しないからである．㉙についても同様である．

㉙ #<u>中国の「鰐」という文字に「ワニ」をあてたのは古代日本人の誤訳だったそうだ</u>．山陰や大和，四国，九州ではフカのことをワニといった．実物を知らぬ知識人が誤って鰐をワニと訳してしまった．（毎日新聞1989年）

㉘，㉙のような例について，分裂文「XのはYだ」構文のXの部分は話者と聞き手との間に共有された一般的な知識を表しているので（言外の）先行文脈とのつながりが認められると考える方向もあるだろう．確かに㉘，㉙や次の㉚，㉛についてはそのような解釈が妥当であるかのように感じられる．

㉚ #<u>五党党首による公開討論会が開始されたのは平成2年2月2日午後2時2分だった</u>．偶然だが，2が5つそろった記念すべき討論会．（毎日新聞2月16日1990年）

㉛ #<u>三沢（青森）のエース，太田孝司が松山商（愛媛）を相手に延長18回を投げ抜いたのは昭和44年，夏の甲子園決勝だったが</u>，その4か月前，センバツでも長いマウンドを踏んでいた．（毎日新聞3月19日1990年）

しかしながら，次の㉜，㉝の分裂文のXの部分が話者と聞き手との間に共有された一般的な知識を表しているとは考えにくい．

㉜ #<u>井下田憲さんが異常に気付いたのは4年前の10月10日だった</u>．朝，目を覚まして布団から起きようとしたが，転がるばかりで起き上がることができない．寝ぼけているのかなと思った．53歳の井下田さんは救

急車で病院に運ばれた．脳卒中で左半身がまひしていた．（毎日新聞7月18日 1991年）

㉝　#中村伸郎さんが毎週金曜日の夜10時，「授業」という芝居をはじめたのは1972年，64歳のときだ．雨の夜も雪の夜も，舞台に立った．10年間に休演したのはたった3回．82年に紀伊国屋演劇賞を受賞した．（毎日新聞7月7日 1991年）

さらに，次の㉞，㉟は新聞の「若い日の私」という欄に掲載されていた文章の冒頭部分であるが，分裂文のXの部分で表されているのは話者自身の経験であり，話者と聞き手との間で共有されるような知識ではない．

㉞　#私が東京外語でロシア語を学びはじめたのは，昭和17年4月のことである．前年の12月8日に太平洋戦争がはじまり，世の中は軍国主義の色彩が日に日に濃くなってきていたころである．（毎日新聞1月25日 1990年）

㉟　#私が日本女子大に入学したのは1946年，敗戦の翌年である．住む家がない，食物がない，学費もなくて進学できない…そんな生活苦のなかで，学生であることが「負い目」に感じられるような時代であった．（毎日新聞4月5日 1990年）

㉘〜㉟においてもやはり分裂文によって話題が談話に導入され，後に続く部分で導入された話題をもとに話が展開されているのがわかる[6]．

## (3) 談話の中程に現れる分裂文

談話の中程に現れる分裂文は，それが使用される場面を先行部分あるいは後続する部分との関係に注目して細かく見ていくと6つのタイプに下位分類される．

### 1) 追　記

このタイプの分裂文は，先行部分における記述を補ったり，情報を付け加えたりするのに用いられる．

㊱　このような傾向は55年，川崎市で浪人中の息子が両親を金属バットで殴殺した事件．さらに昨年，東京都目黒区で起きた中学生による両親と祖母殺しなどに共通するものであると思う．典型的な中産階級の家庭

に育ち過剰なほどの両親の期待を背にささいな挫折を「落ちこぼれ」と受け止める感性．さらに共通するのは殺人という重大な行為を犯しながらその認識が希薄な点である．（毎日新聞 1989 年）

㊲　さらに府警が心配しているのは殺害犯人が黄劉さん同様来日中の外国人であるケース．（毎日新聞 1989 年）

2) 話題転換

次例では同構文が話題を転換する際に使われている．

㊳　明治 30 年の夏，大学生の柳田国雄は渥美半島の突端，伊良湖岬で浜に打ち上げられたヤシの実を見た．（中略）治承元年平家打倒の陰謀を企てたかどで俊寛は平康頼らとともに鬼界が島に流された．康頼は名前を記した卒都婆千本を海に流したところ（中略）ヤシの実や卒都婆を運んだのは黒潮である．フィリピンと台湾との間のバシー海峡付近にはじまり…（毎日新聞 1989 年）

㊴　札幌市内の市立小学校の保健室．「今日も来てたのよ．おなかが痛いって，1 時間くらい寝てったかな」．養護教諭の浅田玲子さん（42）＝仮名＝が話す．同校 4 年の美穂ちゃん（9 つ）＝同＝が，塾で算数を習い始めたのは 2 歳の時．習字は 4 歳から．けいこ事はどんどん増え，今は月曜日が算数，火曜日が水泳と習字，…（毎日新聞 6 月 13 日 1991 年）

これまでに観察してきた分裂文の例には，程度の差はあるものの本例に類似した働きをしているものが多い．これは日本語の分裂文の主たる機能が話題を導入することであることから考えて自然なことである．

3) 場面設定

分裂文「X のは Y だ」構文が聞き手のイメージを喚起するのに使われている．X の部分で聞き手の頭の中にイメージを描かせて導入のお膳立てをしているのである．

㊵　鎧戸を閉じた窓のそばで革張りのイージーチェアに座っているのは，かつてヨーゼフゲッベルズのナチ宣伝省でユダヤ人問題のエキスパートとして鳴らしたハンスアプラーである．戦後すぐオデッサの手でエジプトに逃れ，以来同地に住んでいるアプラーは…（中略）…彼の左側に座っ

ているのは，やはり元ナチ宣伝省のスタッフで現在同じくエジプト情報省に務めているルドウィヒハイデンである．ハイデンは…（フレデリック・フォーサイス／篠原慎訳「オデッサファイル」）

本例は，写真や絵のキャプションに近い．次例は，写真の説明文そのものである．

㊶　地元選出のジョゼフケネディ下院議員の顔をこすっているのは同センターで手足が不自由な人たちの日常生活を助ける訓練を受けているサルのウイニー君です．（毎日新聞 1989 年）

このキャプションに通常の語順の文をもってきたのでは，写真とキャプションがうまくつながらない．世間によく知られている人物等被写体によっては，分裂文の使用が必ずしも必要ではないかもしれない．

  4) 対　比

追記用法では，先行部分と類似の情報が分裂文によって提示されるが，以下の例では，先行部分あるいは後続部分とは対照的な情報が同構文によって提示されている．

㊷　「Z − 100」は昨年 5 月に申請が出され，ほぼ 1 年で承認にこぎつけた．あっと驚く効果があるかといえば，厚生省は「取り立てて注目に値する効果があるわけではない」と断っている．それなのにとんとん拍子のスピード承認．この薬は運がいい．不運なのは丸山ワクチンだ．抗がん剤として製造認可申請が出たのは 1976 年，中央薬事審議会は 81 年に「有効性を確認できず，現段階では医薬品として承認することは適当ではない」と結論を下した．（毎日新聞 6 月 7 日 1991 年）

㊸　スーパーに七草セットが並んでいた．「君がため春の野に出でて若菜摘む」とうたったのは古今集の昔．いまは冬のさなか，暖房のきいたスーパーでプラスチックのケースに入った若菜を消費税込みで買う時代．（毎日新聞 1 月 7 日 1990 年）

  5) 強　調

分裂文「X のは Y だ」構文に先行する部分でいくつかの情報が与えられた後で，そういったものの中でも特に Y という形で強調される．

㊹　日本人従軍慰安婦には，かつて娼妓だった人が多かった模様だが，彼女たちに対しては，「お国のためのご奉公，天皇陛下の御為だから」という甘言で釣った，という．ごくごく一部の女たちを除いて日本人慰安婦たちも悲惨といえたが，わけても悲惨きわまるのは朝鮮人の従軍慰安婦たちであろう．彼女らは，人狩り同然で，無理やり腕づく，力づくで故郷から連れ去られ，はるかかなたの戦場に送られ，想像を絶するような苦行を強いられたのであった．（毎日新聞2月5日1990年）

㊺　歳時記の四季の区分からいうと，いまはもう盛夏ということになる．昔なくて，いまある季語もある．"母の日""桜桃忌""ヨット""プール"などがそれであろうか．しかし圧倒的に多いのは，昔ながらの季語である．四季の変わりがあざやかで，折々の草花が豊かな日本の自然の故であろう．（毎日新聞6月22日1991年）

6）意外性

分裂文「XのはYだ」構文のXとYの部分に通常は結び付かない，あるいは結び付くはずがないと考えられるような要素を置くことによって意外性を表す．

㊻　判事のめざすは町一番のホテルで，そこではシャノン産のすばらしいサーモンが食べられるのだ．彼がそのホテルに向かって道路を横切ろうとしたとき，一台のピカピカに磨きあげられた高級車がホテルから出てくるのが見えた．なんと，運転しているのはオコナーではないか．「見ましたか，いまのはあいつですよ」判事の傍で，驚きの声が上がった．声につられて彼がふと右を見ると，トラリーの食料品屋がわきに立っていた．「見ましたよ」高級車はホテルの前庭から出てきた．オコナーのわきに，黒ずくめの服装をした男がすわっていた．（フレデリック・フォーサイス／篠原慎訳「帝王」）

㊼　「寒いね．帰ってくるまでお利口にね」．兵庫県西宮市の私立大二回生，健治（20）＝仮名＝がほおずりしたのは，白いクマのぬいぐるみ「ミカちゃん」．高校時代，片思いの同級生の彼女にプレゼントにと買い，渡せないまま，いつか彼女の身代わりになった．ミカちゃんは彼女の名前．真っ白だった毛は，手あかで黒ずんできたが，気にならない．（毎日新

聞 1 月 6 日 1990 年)

以上，分裂文がさまざまな側面を持つことを見てきたが，ここで注目すべきは，1), 2), 3) のタイプの分裂文と 4), 5), 6) のタイプの分裂文との間には一線を画することができるということである．つまり，「対比」「強調」「意外性」を表す分裂文においては他項との関係が問題になるが，「追記」「話題転換」「場面設定」を行う分裂文では，他項との関係は問題にならないのである．したがって，1), 2), 3) のタイプの分裂文に比べて 4), 5), 6) のタイプの分裂文の方が先行文脈寄りであるといえる．

### (4) 談話の最後に現れる分裂文

次例に見られるように，分裂文は談話の最後にも現れる．

㊽ 入隊してからしばらくして，学生時代の病気が再発し，長い白衣生活の後に除役になり帰された．もとの画室の生活に戻って，昭和 16 年に太平洋戦争が始まる．<u>緒戦のシンガポール総攻撃に，横須賀重砲兵連隊が参加していたことを知ったのは，かなりたって日本も敗戦の色が濃くなってきたころである</u>．(毎日新聞 1 月 18 日 1990 年)

このタイプの分裂文は，話が展開されていくべき後続部分が存在しないので，これまで繰り返し主張してきた分裂文の話題導入機能に対する反例であると思われるかもしれない．しかしながら，このタイプの分裂文を用いるねらいは本来続くべき部分を聞き手に考えさせ余韻を残して文章をしめくくることにあるのである．以下の例も参照されたい．

㊾ イランの首都テヘランから始めて，イスファハン，マショードなど北部の主要都市をすべて回り，さらにアフガニスタンまで足を延ばして，5 年目では，毎年 5 万台の電気コタツを売った若い日の私でした．<u>このセールスで学んだのは，マーケットは予想外のところにあり，汗と根気によって，商売は可能になるという，稲井会長を通じて知った松下イズムでした</u>．(毎日新聞 9 月 25 日 1991 年)

㊿ 日本人が一戸建ての家に執着するのは，建物というより庭のせいかもしれない．猫の額でもいい，庭があれば心が落ち着く．その至福感は宗

教的といってもいい．現代人も4世紀の三重の人とさほど違いはない．違うのは土地の値段だ．（毎日新聞8月10日1991年）

㊿では分裂文が談話の最後で，しかも対比的な文脈で用いられていることもあって話者の政府の土地政策のいいかげんさを批判する態度が強く感じられる．

### (5) 降格分裂文

ここで取り上げる分裂文は（1)～(4）で観察した分裂文とは異なった特徴を持つ．まず(51)の例を見られたい．

(51)　1989年は一円玉の年として永久に記憶されるだろう．4月の消費税実施で一躍脚光をあびたのに引き続き，こんどは広島市の水道システム設計入札で二千九百万円を抑えて堂々，一円が勝利を収めた．「皇国の興廃この一戦にあり．各員一層奮励努力せよ」と檄をとばしたのは日本海海戦（1905年）を前にした連合艦隊の東郷平八郎指令長官だった．一円玉一つ握って入札会場に出掛けた富士通広島支店は「企業の興廃この一銭にあり」の心境に違いない．（毎日新聞1989年）

本例の分裂文「XのはYだ」構文の役割は，後続する部分，特に「企業の興廃この一銭にあり」から考えて「皇国の興廃この一戦にあり」を談話に導入することであると思われる．(1)～(4）で見てきた分裂文が，Yを話題として談話に導入していたのとは逆である．通常の語順では「東郷平八郎指令長官」が目立ち過ぎて文脈にそぐわないので，主語の位置から分裂文のYの位置に降格されている[7)]．コメント（X）とそれを行う人物（Y）ではコメントの方が重要であり，人物は分裂文に含まれる形で文脈に導入されはするが後続部分に当該の人物に関する記述が現れるわけではない．同構文のこういった特徴を踏まえて(51)のような分裂文を（1)～(4）の分裂文と区別して降格分裂文と呼ぶことにする．降格分裂文の例を続けよう．

(52)　「昭和50年代始めの早期才能開発論の台頭とともに起きたのが第一次児童英語ブームだったとすれば，一昨年ごろから始まった第二次ブームは“国際化”がキーワード」と解説するのは，児童英語教育の専門家などでつくる民間団体で，毎年子供のための英検「全国統一児童英語技能

検定試験」を実施している日本児童英語振興協会（本部・大阪府吹田市）の寺地俊二理事長（46）．寺地理事長によると，中学入学前に英語を学ぶ子供は年々増え，現在その数は 300 万人とも推定され，児童専門の英語教室だけでも 2 万は下らない．（毎日新聞 1989 年）

降格分裂文の Y の位置に現れる人物は降格されているとはいっても X の部分に言わば "ハクをつける" だけのインパクトを持つ人物でなければならない．Y にただの人がきたのでは同構文の X の部分を談話に導入するという機能は果されない．

次例では降格分裂文が談話の最後に現れている．

㊳　海と夏空を背景に「つかの間の陰りと罪の意識」を描き続けた作家は 34 歳で事故死する．だが，この青春小説は鮮烈に生き続ける．<u>「余りにも生々しすぎる青春の再現は醜悪である」といったのは「鯨神」で芥川賞をとった直後の宇能鴻一郎氏だったが</u>．（毎日新聞 6 月 10 日 1991 年）

本例における分裂文使用のねらいは（4）で見たものと同様に「余りにも生々しすぎる青春の再現は醜悪である」に続く部分を聞き手に考えさせることで余韻を持たせて文章を終えることであると思われる．

次の㊴, ㊵では降格分裂文が談話の冒頭に現れている．

㊴　#<u>「今日の日本を知るには，応仁の乱以後の歴史を知っておったら沢山です」といいきったのは，京大中国学の始祖として有名な内藤湖南だった</u>．新聞記者出身の歴史家らしい単刀直入の表現で，いまなお示唆に富む．現代の日本の階級も生活も文化も応仁の乱（1467-77 年）以後に形づくられたという．これは湖南一流の史観にもとづいている．（毎日新聞 10 月 8 日 1990 年）

㊵　#<u>台風を「熱帯からやってくる暴走給水車」と呼んだのは東大海洋研究所の木村竜治さんである</u>．熱帯生まれの台風は大量の水分を含み，その水をはるばる日本列島にまで運んでくるから，というのだ．カラカラの首都圏に待望の雨をたっぷり降らせた台風 11 号は，文字どおり給水車だった．底まで干上がった利根川上流のダムに水を送り込み，貯水量は 1 億トンの大台をやっと回復した．（毎日新聞 8 月 11 日 1990 年）

これらの例においても同構文がXの部分を談話に導入し，後続部分でそれについての記述が行われる形で話が展開しているのがわかる．


## 4. まとめ

日本語の分裂文の談話における機能を分析した結果，以下の緒点が明らかになった．
① 日本語の分裂文「XのはYだ」構文の談話における主たる機能は，談話に話題（Y）を導入して話を展開していくことである．先行文脈を受けはするが聞き手の知識の状態に関して何らかの想定を行っているわけではない．
② 同構文の機能を先行部分，あるいは後続部分との関係に注目して細分化してみると，「追記」「話題転換」「場面設定」を行ったり，「対比」「強調」「意外性」を表したりしていることがわかる．
③ ①のタイプの分裂文に対して，通常の語順のままでは目立ち過ぎる要素（主語の位置の人物）をYの位置に降格させ，Xの部分を談話に導入する降格分裂文が存在する．


注
1) 本書では「XことはYだ」の構文は，分裂文とはみなさない．以下に見られるようにa)のような文をもとにして分裂文を作ってみると「XことはYだ」構文ではYの部分に現れる要素についてカテゴリーの縛りがある．
   a) 太郎は昨日その喫茶店で花子に会った．
   b) 昨日その喫茶店で花子に会った の／#こと は太郎だ．
   c) 太郎が昨日花子に会った の／#こと はその喫茶店だ．
   d) 太郎がその喫茶店で花子に会った の／#こと は昨日だ．
2) 日本語の分裂文を構文論レベルで分析したものとしては，奥津（1978），北原（1981），佐藤（1981）等がある．ただし奥津（1978）と北原（1981）は，分裂文を直接的に扱ったものではなく，いわゆる「ウナギ文」を分裂文から派生するという分析の妥当性を議論している．

3) 英語の Cleft Sentence を構文論レベルで分析したものとしては，Higgins（1976），Akmajian（1970），Nakada（1971），Pinkhan and Hankamer（1975）等がある．また Declerck（1984）は同構文を談話レベルで分析したものであるが，Prince（1978）の Cleft Sentence の分類に異議を唱えている．

4) 「前提」という概念はいわゆる「旧情報」といった概念と必ずしも重なり合うものではない．西山（1979）は，「焦点」に対する「前提」に関して解決されなければならない諸問題を指摘している．

5) Prince（1978）は，Wh-cleft の先行詞となる情報単位のタイプについての議論の中で次のような例をあげている．

Nixon: '...I knew there was something going on, but I didn't know it was a Hunt.'
Dean: 'What really troubles me is: one, will this thing not break some day and the whole thing -domino situation- everything starts crumbling, fingers will be pointing...'

そして，こういった例では先行詞はテキストそのものの中にではなく発話場面の規範（norm）の中にあり，話者の関連する思考，観察，意見，反応等が聞き手の関心事と見なされ聞き手の意識の中にあると想定されうるとしている．しかしながら先行部分とのつながりをこのような形でまで求めようとすると Wh 節に含まれる前提のあり方が非常に特殊なものになってしまうのではないだろうか．

また神尾（1990）は，Prince（1978）の，"Informative Presupposition It-cleft" に対応する日本語の分裂文に関して，「情報のなわばり」の観点から，その前提部分が話者のなわばりに属する情報を表しているとしている．

6) ㉘〜㉟の分裂文では焦点の位置に時の表現がきているものが多い．これは，時，場所等が設定されてから話が展開されるという一般的な傾向と関連しているものと思われる．

7) 池上（1981）は，出来事に関与している「個体」が「人間」であれば，その「個体」は注目の対象となる潜在性をより多く有していると思われ，潜在的に目立ちやすい「人間」が主語の位置を与えられればなおさらであるとしている．

# 第2章
# 分裂文・疑問文・ウナギ文

## 1. はじめに

本章で考察の対象とする分裂文とは，①のような文から派生された②のような文である．
① 太郎は車を買った．
② 太郎が買ったのは車だ．
一方，英語には2種類の分裂文が存在する．③のような文から派生された Wh-Cleft ④と It-Cleft ⑤である．
③ John bought a car.
④ What John bought was a car.
⑤ It was a car that John bought.
日本語の分裂文と英語の Wh-Cleft および It-Cleft の情報構造を見てみると，日本語の分裂文では「前提＋焦点」，Wh-Cleft でも「前提＋焦点」となっているのに対して，It-Cleft では「焦点＋前提」となっている．
したがって，日本語の分裂文により良く対応する英語の構文は，Wh-Cleft の方であるということになる．以下，本章ではこのような日本語の分裂文と関連する構文について考察する．
英語の Wh-Cleft あるいは日本語の分裂文について，同構文が疑問文とその答えから成るとする分析がある．第2節では，日本語の分裂文が「疑問文＋答え」から成るとする見方の妥当性について議論する．
続く第3節では，いわゆるウナギ文が分裂文から派生されるとする分析につ

いて若干の私見を述べる．

## 2. 分裂文と「疑問文＋答え」

　英語の Wh-Cleft あるいは日本語の分裂文が疑問文とその答えから成るという分析は，Faraci（1971），Nakada（1973），中田（1984）等に見られる．
　中田（1984）は，英語の Wh-Cleft，日本語の分裂文は，話者が 1 人で生成した（self-generated）Q-A の対（pair）が構文化（syntacticized）したものであろうとしており，この self- ないし auto-generated Q-A の対が他の平叙文よりも言語行為として効率的であるのは，話者が Q-A を使うことによって，あたかも聞き手が話者の Q に対する A に関心を持っているかのような効果が出せるからであろうと述べている．つまり⑥のような分裂文は，⑦のような疑問文と答えの対が構文化したものだと考えるわけである．

⑥　太郎が殴ったのは花子だ．
⑦　太郎は誰を殴ったのか．花子を殴った．

　⑥のような分裂文は，前提部分が変項を含む命題であり，この変項に値を与える要素が焦点の位置に現れている．本例に則して言えば，「太郎がＸを殴った．そのＸは花子である」といった表現になっている．換言すれば，「太郎が誰を殴ったかというと，それは花子だ」というように解釈される．⑥と⑦は，「太郎が誰かを殴った」という前提を共有しており，疑問文の答えにあたる「花子」が分裂文の焦点の位置に現れている．こういったことから，分裂文が「疑問文＋答え」から成り立っているとする見方は妥当であるように思われる．また，日本語の分裂文の談話における振る舞いを観察した伊藤（1992a）では，同構文が先行文脈に依存しなくとも談話の中に首尾一貫した形で現れうることを明らかにしたが，このような分裂文の振る舞いも，同構文が「疑問文＋答え」の対から成ると考えることで説明できるかもしれない．分裂文が疑問文とその答えを話者が 1 人で発したものであるとすると，同構文の前提部分は，話者と聞き手との共有知識を表さなくてもよく，構文全体としては，先行文脈に依存しな

くてもよいということになるからである．なぜならば，疑問文が聞き手に答えを求めて発せられる場合には，その疑問文の前提は話者と聞き手との共有知識，あるいは話者が聞き手が知っていると想定しうるものでなければならない．例えば，「太郎は誰を殴ったのか」という疑問文が発せられる場合，話者と聞き手との間では，「太郎が誰かを殴った」という情報が共有されている，あるいは，共有されていると話者は考えている．これに対して，「太郎が殴ったのは花子だ」といった分裂文が「太郎は誰を殴ったのか」といった疑問文とその答えを話者が自分1人で発したものであれば，「太郎が誰かを殴った」といった前提は，聞き手との間で共有される必要はないからである．

このように，日本語の分裂文を英語の Wh-Cleft と同様に疑問文とその答えから成り立っているとする見方には，ある程度の妥当性が認められそうであるが，問題点もある．まず第1に，英語の Wh-Cleft には疑問を表す要素 "what" があるが，日本語の分裂文は疑問を表す要素をもたない．さらに，両構文の前提部分の構造の違いも指摘できる．Wh-Cleft を Wh 疑問文と答えを話者が1人で言ったものであるとする分析では，⑧の意味は⑨のようなものであると考える．

⑧ What John bought was a car.
⑨ What did John buy? He bought a car.

このように考える理由の1つは，福地 (1985:141) で述べられているように，Wh-Cleft の主語，つまり前提部分が節としての性格を強く持っていることである．What には疑問代名詞としての用法と，関係代名詞としての用法があるが，Wh-Cleft の What はどちらかというと疑問詞の性格が強い．したがって Wh-Cleft の前提部分は，主要部を欠く関係節，すなわち全体として名詞句ではなく純粋に節と考えた方がよい．次の例から明らかなように，主語と動詞を入れ替えて疑問文にした場合，関係節を含む文⑪は可能だが，Wh-Cleft ⑬は不可能である．

⑩ What John said was immediately comprehensible to me.
⑪ Was what John said immediately comprehensible to you?
⑫ What John said was that we should all go home.

⑬　# Was what John said that we should all go home?

これに対して日本語の分裂文においては，伊藤（1992b）でも指摘したように同構文の名詞化接辞「の」が比較的高い名詞性を有しており，前提部分つまり「～の」の部分は名詞句を形成していると考えられる．例えば普通の体言相当語句の中，または連体修飾句の中では主格の「が」と「の」を互いに変えることができるが，分裂文においてもこのいわゆるガノ可変が見られる．

⑭　昨日太郎が会ったのは花子だ．
⑮　昨日太郎の会ったのは花子だ．

分裂文の「の」は，連体修飾語句を形成する力を持っているのである．同じ「の」でも「のだ」文の「の」は先行する一群の語句を体言的にまとめる力がかなり弛緩してきており，ガノ可変は不可能である．

⑯　雨が降っているのだ．
⑰　#雨の降っているのだ．

さらに，霜崎（1983）によれば次の⑱に見られるように，名詞化用法の「の」は母音がしばしば脱落して「ん」になる傾向が認められるのに対して，⑲に見られるように代名用法の「の」（本例では「机」に相当する）にはそうした事実は認められないとしている．

⑱　a．この机はどう見ても本職の作ったようには見えないね．
　　b．あたりまえです．その机は僕が作ったのです．／その机は僕が作ったんです．
⑲　a．どれがあなたの作った机なの？
　　b．その机が僕の作ったのです．／#その机が僕の作ったんです．

分裂文の「の」についても代名用法の「の」と同様の傾向が観察される．

⑳　#昨日太郎が会ったんは花子だ．

以上の議論から明らかなように，日本語の分裂文の「の」は比較的高い名詞性を有しており，同構文の前提部分は Wh-Cleft のそれとは異なって名詞句であると考えられる．

ただし，構造上は名詞句であっても，分裂文の前提部分を潜伏疑問文であるとする見方もある．西山（1988）（1990）は，㉑のような分裂文を含む「A は

Bだ」の形式の文を「倒置指定文」，そして，これと同じ意味を表す㉒のような「BがAだ」の形式の文を「指定文」と呼び，

㉑　ぼくが注文したのはうなぎだ．

㉒　うなぎがぼくが注文したものだ．

倒置指定文「AはBだ」の最も重要な特徴は，Aにあたる部分が非指示的であり，変項を1つ含む意味論的述語になっており，Bは，その変項を埋める値になっている点であるとしている．つまり㉑や㉒は，"ぼくがXを注文した"そういうXの値を"うなぎ"の指示対象でもって指定する」と読むわけであり，別の言い方をすれば「ぼくが何を注文したか，というと，うなぎだ」と読むわけである．よって㉑や㉒における「ぼくが注文したもの」は，ある意味で「疑問詞を内に含んでいる名詞句」ということができ，この種の名詞句は，㉓㉔のような非コピュラ文にも現れうるとしている．

㉓　太郎はぼくに注文したものを尋ねた．

㉔　ぼくは太郎に注文したものを教えた．

同氏によれば，下線部は「何を注文したか」と解釈すべきであり，これは潜伏疑問文であるという．倒置指定文「AはBだ」におけるAは，変項を含む，換言すれば，「誰」「何」「どこ」といった指定を問う疑問詞を内に含んでいる名詞句であり，同氏はこの種の名詞句を変項名詞句と呼んでいる．

第2に，㉕のような疑問文とその答えの対は可能であるが，㉖のような分裂文は非文である．

㉕　太郎はどのように花子を殴ったのか．激しく殴った．

㉖　#太郎が花子を殴ったのは激しくだ．

㉖の非文法性は，日本語の分裂文においては副詞が焦点の位置に現れることができないことに起因している．㉘についても同様である．

㉗　太郎はどのように電話を切ったのか．たたきつけるように切った．

㉘　#太郎が電話を切ったのはたたきつけるようにだ．

ただし，副詞的要素でも理由を表す「カラ節」は焦点の位置に現れうる．

㉙　太郎はなぜ怒ったのか．花子が遅刻したからだ．

㉚　太郎が怒ったのは花子が遅刻したからだ．

第3の問題点も，分裂文における焦点化可能な要素についての制約が関係している．㉛㉝㉟㊲の疑問文とその答えの対および㉜㉞㊱㊳の分裂文は，いずれも可能である．

㉛　太郎は誰と大阪で会ったのか．花子と会った．
㉜　太郎が大阪で会ったのは花子だ．
㉝　太郎は花子とどこで会ったのか．大阪で会った．
㉞　太郎が花子と会ったのは大阪（で）だ．
㉟　誰が花子と大阪で会ったのか．太郎が会った．
㊱　花子と大阪で会ったのは太郎だ．
㊲　太郎はいつ花子と会ったのか．昨日会った．
㊳　太郎が花子と会ったのは昨日だ．

ところが，㊴のような疑問文とその答えの対は可能であるが，㊵のような分裂文は不可能である．

㊴　大阪で誰が誰に会ったのか．太郎が花子に会った．
㊵　#大阪で会ったのは太郎が花子にだ．

これは，日本語の分裂文においては複数の要素の焦点化が不可能なことによる．㊷㊹㊻についても同様である．

㊶　太郎は誰とどこで会ったのか．花子と大阪で会った．
㊷　#太郎が会ったのは花子と大阪（で）だ．
㊸　太郎はいつ何を買ったのか．去年車を買った．
㊹　#太郎が買ったのは去年車だ．
㊺　花子と誰がどこで会ったのか．太郎が東京で会った．
㊻　#花子と会ったのは太郎が東京でだ．

時の表現と場所の表現が焦点化された分裂文㊼は，これまでに見てきた分裂文㊵㊷㊹㊻に比べて容認度が高いように思われる．

㊼　?太郎が花子に会ったのは昨日大阪でだ．

しかしながら，語順を入れ換えた㊽が非文となることから，同例において複数の要素が焦点化されているとは考えにくい．

㊽　#太郎が花子に会ったのは大阪で昨日だ．

これに対して，疑問文と答えの対㊾(50)はいずれも容認可能である．

㊾　太郎はいつどこで花子に会ったのか．昨日大阪で会った．

(50)　太郎はいつどこで花子に会ったのか．大阪で昨日会った．

Muraki（1974）は，分裂文において焦点化できるのは単一の要素のみであるとして，以下のような例をあげている．

(51)　？ジョンがあげたのはマリーに本をだ．

(52)　＃ジョンがあげたのはマリーに本だ．

２つ以上の要素がcopulaの前に現れる場合，格助詞は削除できず，(51)は(52)よりはましであるとしている．さらに，(53)では複数の要素が焦点化されているように見えるが，

(53)　ジョンがその車を運転したのはダラスからニューヨークまでだ．

本例においては，「ダラスからニューヨークまで」は単一の要素であり，かきまぜ変形（scrambling）によって自然さが失われるとしている．

(54)　？ジョンはニューヨークまでその車をダラスから運転した．

英語のWh-Cleftについては，先に見た㉜㉞㊱㊳に相当するWh-Cleftが不可能であるので，㊵㊷㊹㊻に相当する多重焦点のWh-Cleftも不可能である．これは，同構文の主語節にWhat以外のWh要素が現れないためである．福地（1985:140）によれば，以下にあげる文のうち通常(55)以外はまれであり，

(55)　What John bought was a car.

(56)　Who Nixon chose was Agnew.

(57)　Where I saw John was in Boston.

(58)　When I met John was at 4 o'clock.

(59)　Why John came was to irritate me.

(60)　How John did that was by standing on a laddar.

What以外は以下にあげるような主要部を伴った関係節を用いた表現が好まれるとのことである．

(61)　The one Nixon chose was Agnew.

(62)　The place where I saw John was Boston.

(63) The time at which I met John was 4 o'clock.

⑭　The reason that John came was to irritate me.

⑮　The way John did that was by standing on a laddar.

最後に，遊離数量詞の問題をあげる．よく知られているように，日本語においては主語あるいは目的語の位置から数量詞を遊離させることができる．

⑯　太郎は 3 つのりんごを食べた．

⑰　太郎はりんごを 3 つ食べた．

⑱　5 人の警官がビルに突入した．

⑲　警官が 5 人ビルに突入した．

さて，⑳㉒の疑問文と答えの対および㉑㉓の分裂文はいずれも可能である．

⑳　太郎は何を食べたか．3 つのりんごを食べた．

㉑　太郎が食べたのは 3 つのりんごだ．

㉒　誰がビルに突入したか．5 人の警官が突入した．

㉓　ビルに突入したのは 5 人の警官だ．

ところが，㉔㉖の疑問文と答えの対は可能であるが，㉕㉗の分裂文は不可能である．

㉔　太郎はりんごをいくつ食べたか．3 つ食べた．

㉕　＃太郎がりんごを食べたのは 3 つだ．

㉖　警官は何人ビルに突入したか．5 人突入した．

㉗　＃警官がビルに突入したのは 5 人だ．

以上，分裂文が疑問文と答えの対から成るとする分析の妥当性を検討してきたが，疑問を表す要素を欠いていること，前提部分が名詞句構造を成していること，疑問文と答えの対と分裂文が対応関係にない場合が数多く観察されることなどから，英語の Wh-Cleft についてはともかく，日本語の分裂文については，同構文を疑問文と答えの対から成るとする分析には問題があるといえる．

## 3. 分裂文とウナギ文

いわゆるウナギ文の派生については，奥津（1978）の述語代用説，北原（1981）の分裂文説等がある．奥津（1978）によれば，⑱の意味は曖昧である．

⑱　ぼくはうなぎだ．

すなわち，同文は⑲〜㉒のようにいろいろな意味に解釈されうる．

⑲　ぼくはうなぎが食べたい．

⑳　ぼくはうなぎを注文する．

㉑　ぼくはうなぎを釣る．

㉒　ぼくはうなぎを食べたくない．

この事実を奥津は「だ」が「が食べたい」「を注文する」「を釣る」「を食べたくない」等を代用しているからだとする．「だ」に代用される部分が述語であり，「だ」に代用される部分に含まれない時制詞，判断詞，文末詞等は述語ではないとしている．時制詞は，述語の直後に位置し完了・未完了を表す．同氏は，「食べる」「食べた」「だ」「だった」等をそれぞれ tabe-ru, tabe-ta, d-a, d-atta というように分析し，-ru, -a などを未完了時制詞，-ta, -atta などを完了時制詞としている．判断詞は，時制詞で終わる文の内容に対する話し手の判断を表すもので，「だろう」「らしい」等が含まれる．文末詞は，判断詞の後に位置するもので，「ね」「よ」といった終助詞に相当する．時制詞・判断詞・文末詞の３つの中では，時制詞が述語に最も近い位置に現れるが，以下に見られるように「だ」（d-）は「食べ」（tabe）だけを代用し，時制詞であるところの「た」（ta）は代用しない．

㉓　a．ぼくはうなぎを　tabe-ru
　　b．ぼくはうなぎ　d-a

㉔　a．ぼくは昨日うなぎを　tabe-ta
　　b．ぼくは昨日うなぎ　d-atta

さらに，時制詞よりも述語から遠い位置に現れる判断詞や文末詞も「だ」によって代用されることはない．

(85)　a．太郎は昨日うなぎを　tabe-ta　らしいね.

　　b．太郎は昨日うなぎ　d-atta　らしいね.

一方，北原（1981）は，いくつか根拠を示しながら述語代用説よりも分裂文説の方が妥当であると主張している．例えば，「ぼくは数学だ」というウナギ文は，「君はどの科目ができるか」という質問に対する答えであれば，「ぼくは数学ができる」という意味になり，「君はどの科目ができないか」という質問に対する答えであるとすると，「ぼくは数学ができない」という意味になる．述語代用説では，前提となっている文（質問文）の述語を繰り返すのを避けて，その部分を「だ」で代用するのであるから，「できるか」の場合は「できる」の意味になり，「できないか」の場合は「できない」の意味になると解釈されることになるが，ウナギ文に常に前提となる文が存在するとは考えられないという．そこで同氏は，このようなウナギ文が(86)(87)のような分裂文を基底としており，(88)のような変形を経て成立すると考える．

(86)　ぼくができるのは数学だ.

(87)　ぼくができないのは数学だ.

(88)　ぼくが数学ができる → ぼくができるのは数学だ → ぼくののは数学だ
　→ ぼくのは数学だ → ぼくは数学だ

このような分裂文の構造を考えれば，「ぼくが何かの科目ができる」「ぼくが何かの科目ができない」という前提は，その一文の中に示されることになり，述語代用説のようにわざわざそういう前提になる文を設定する必要がなくなるという．

本章では，述語代用説と分裂文説のどちらが妥当であるかといった議論は行わないが，ウナギ文が分裂文から派生されるとする見方について若干の私見を述べておきたい．まず，両構文の「だ」の前に現れる要素に関して違いが見られる．

(89)　うちの課長は随分ゆっくり出勤する.

(90)　うちの課長は随分ゆっくりだ.

(91)　#うちの課長が出勤するのは随分ゆっくりだ.

これは，先に第2節で見たように，分裂文においては副詞類の焦点化が不可

能であるからであるが，ウナギ文では「だ」の前に副詞類が現れうる．分裂文説に従えば，⑩のようなウナギ文は基底となる分裂文を持たないということになる．次例についても同様である．

㊡　そのネクタイはあなたにぴったり似合う．

㊥　そのネクタイはあなたにぴったりだ．

㊤　#そのネクタイがあなたに似合うのはぴったりだ．

上では様態副詞について見たが，程度副詞についても同じことが言える．

㊦　(君はどれくらいビールを飲むか)

　　ぼくはちょっとだ．

㊨　#ぼくがビールを飲むのはちょっとだ．

㊧　米国人には陰湿な意地悪という発想は少なく，とにかく親切だし，会話を楽しむ国民として，簡単には面と向かって悪口を言ったりはしない．仕事上で利害関係のある，おおむね金を出す側である日本人ビジネスマンに対してはなおさらだ．(毎日新聞3月14日1990年)

㊗　#日本人ビジネスマンに対して悪口を言ったりしないのはなおさらだ．

さらに，頻度副詞については，分裂文においてはその焦点化は困難であると思われるが，ウナギ文では同要素が「だ」の前に現れうる．

㊆　(太郎はどのくらい映画を見るか)

　　太郎はたまにだ．

⑩　#太郎が映画を見るのはたまにだ．

さらに，第2節で見たように，分裂文においては遊離数量詞の焦点化は不可能であるが，ウナギ文においては「だ」の前に数量詞が現れうる．

⑩　(太郎は本を何冊買ったか)

　　太郎は3冊だ．

⑩　#太郎が本を買ったのは3冊だ．

⑩　(大卒は何人入社したか)

　　大卒は8人だ．

⑩　#大卒が入社したのは8人だ．

次に，いわゆる「とりたて詞」との共起関係を見てみると，分裂文の焦点の

位置に現れる要素は他項否定のとりたて詞「だけ」を伴うことはできるが，他項肯定のとりたて詞「も」を伴うことはできない．これに対して，ウナギ文においてはいずれのとりたて詞も現れうる．

⑩⑤　太郎が注文したのはうなぎ　だけ／#も　だ．
⑩⑥　太郎はうなぎ　だけ／も　だ．

以上，ウナギ文が分裂文から派生されるという見方をした場合，基底となる分裂文を持たないウナギ文がいくつか存在することになることを指摘した．


## 4. おわりに

本章では，分裂文を考察の対象とし，同構文が対応する英語の Wh-Cleft と同様に「疑問文＋答え」が構文化されたものであるという分析の妥当性を検討し，さらに，ウナギ文が同構文から派生されるとする見方について若干の私見を述べた．

日本語の分裂文が疑問文とその答えの対から成るという分析については，同構文が Wh-Cleft の Wh 要素のような疑問を表す要素を持たないこと，同構文の前提部分が Wh-Cleft のそれと異なって節構造ではなく名詞句構造を持つこと，同構文と疑問文とその答えの対が対応関係にない場合が数多く観察されることから，その妥当性は疑わしいと思われる．

ウナギ文が分裂文から派生されるという見方については，基底となる分裂文を持たないと考えられるウナギ文がいくつか存在することを指摘した．

# 第3章

## 分裂文と「のだ」文
―― 課題設定のあり方と構文の文脈依存性 ――

### 1. はじめに

本章では，分裂文と「のだ」文を考察の対象とする．分裂文というのは，①のような文から派生される②のような文であり，「のだ」文というのは，③のような文である．

　①　太郎はカレーを注文した．
　②　太郎が注文したのはカレーだ．
　③　太郎はカレーを注文したのだ．

分裂文②と「のだ」文③の間には，意味的なつながりが認められる．両構文とも「太郎が何かを注文した」ことを前提とした上で，それが「カレー」であるということを主張していると考えられるからである．したがって，②，③は「太郎が何かを注文した」ことを前提とする疑問文④の答えになりうる[1]．

　④　太郎は何を注文しましたか．

また，以下のように表現を補ってやると，両構文が「太郎が注文したものが（他の何物でもなく）カレーである」ことを主張しているということがより明確に感じ取れよう．

　⑤　太郎が注文したのはカレーだ．オムライスではない．
　⑥　太郎はカレーを注文したのだ．オムライスではない．

しかしながら，分裂文と「のだ」文は文脈依存性に関しては後に見るように異なりが見られる．本章は，分裂文と「のだ」文の文脈依存性の違いを益岡（1991）で提案された「課題設定」という概念を手掛かりに説明しようとする

ものである．次の2節では，益岡（1991）の「のだ」文についての分析を概観しながら「のだ」文と文脈との関係，および「のだ」文と分裂文とのつながりを見ていく．3節では，分裂文と文脈との関係を「のだ」文と対比させながら観察する．4節は，まとめである[2]．

## 2.「のだ」文と分裂文

益岡(1991)によれば，⑦のような文では「花子が泣いている」という命題と「大事にしていたカードがなくなった」という命題との間のつながりが問題にされているという．

⑦ 花子が泣いている．大事にしていたカードがなくなったのだ．

そしてこのような「のだ」は，命題の外に位置する要素であるという点でモダリティに含まれる表現であるとした上で，「花子が泣いている」ということの「説明」として「大事にしていたカードがなくなった」という叙述を与えているところから「説明のモダリティ」と名付けている．

「のだ」が表す「説明」というものの本質的な意味は何かについて同氏は，説明を与える命題が前提となる命題に基づいて設定される課題に対する解答を与えることであるとしている．つまり，⑦では「花子が泣いている」という命題に基づいて「なぜ，そのようなことが起こったのか」といった課題が設定され，「大事にしていたカードがなくなった」という命題がこの課題に対する答えを表しているのである．

課題設定は，文脈の中で明示的に与えられた文を基にしてなされる場合もあれば，明示的な言語表現に拠らず発話の状況を基になされる場合もある．⑧では，「約束の時間に遅れてしまったという状況」を元にして「なぜ，このようなことになったのか」という課題が設定され，それに対して答えが与えられている．

⑧ （約束の時間に遅れて到着したという状況で）車が渋滞したのです．

明示的なものにせよ，非明示的なものにせよ，課題設定は何らかの文脈に基

# 第3章 分裂文と「のだ」文 —— 課題設定のあり方と構文の文脈依存性 ——

づいてなされることに注意されたい.

　説明の「のだ」の一種として⑩のような叙述様式判断型の「のだ」があげられている.

　⑨　太郎は花子にプレゼントをした.
　⑩　太郎は花子にプレゼントをしたのだ.

　⑨は,「太郎が花子にプレゼントをした」という事態の存在を断定するだけの文であるが,⑩は,「太郎が誰かにプレゼントをした」といったある特定の事態の存在を認めた上で,その事態の叙述として「(太郎は) 花子にプレゼントをした」という言い方が適切であるということを断定する文である.与えられた事態を適切に叙述する様式を問題にするという特徴にちなんで,このような文を同氏は「叙述様式判断型（の文）」としている.⑩が意味をなすためには「太郎が誰かにプレゼントをした」といった事態の存在が予め認められていなければならないが,このような前提は,言語表現によって明示的に与えられるよりも状況から非明示的な形で与えられるのが一般的であり,状況から与えられる「太郎が誰かにプレゼントをした」といった事態に対して,未定部分を埋めるべき要素は何か,という課題が設定されることになる.そしてその課題に対する答えが,「(太郎は) 花子にプレゼントをした」という叙述である.つまり,⑩は⑪のように言い換えることができ,「太郎が誰にプレゼントをしたかと言うと」の部分が課題を表し,「花子にプレゼントをしたということなのだ」の部分がその答えを表している.

　⑪　太郎が誰にプレゼントをしたかと言うと,花子にプレゼントをしたということなのだ.

さらに叙述様式判断型の説明文⑩は,分裂文⑫との間に意味的なつながりが認められるという.

　⑩　太郎は花子にプレゼントをしたのだ.
　⑫　太郎がプレゼントをしたのは花子にだ.

叙述様式判断型の説明文と分裂文との関連性は,⑩をパラフレーズした⑪を⑫と比較することでより明確な形で示され,⑪の主文の部分を焦点を残して省略すると⑬が得られる.

⑬　太郎が誰にプレゼントをしたのかと言うと、花子にだ．

　このように言い換えの作業を重ねていくと，分裂文が叙述様式判断型の説明文と密接に関係していることがわかる，と益岡 (1991) では指摘されている．

　以上，益岡 (1991) の分析を概観し，分裂文が叙述様式判断型の「のだ」文と意味的につながっていることを見たわけであるが，「のだ」文が何らかの文脈情報に基づいて設定された課題に対して答えを与える形で説明がなされるところから，文脈に依存した構文であると考えられるのに対して，分裂文に関しては，同構文が文脈に依存せずとも談話の中に自然な形で現れうることが拙論において観察されている[3]．拙論における観察が正しいとすると，分裂文と叙述様式判断型の「のだ」文は，意味的にはつながっているが，文脈依存性が異なっているということになる．次節では，分裂文および「のだ」文と文脈との関係を見ながら，この問題について考える．

## 3. 分裂文および「のだ」文と文脈

　分裂文と文脈との関係を議論する前に，分裂文の構文としての特徴を確認しておきたい．分裂文においては，前提部分（「XのはYだ」の「X」の部分）に変項の存在が想定され，この変項に値を与える要素が「Y」の位置に現れる．例えば，⑭では，「太郎がXを注文した」といった形で前提部分に変項の存在が想定され，「紅茶」がこの変項に値を与えている．

⑭　太郎が注文したのは紅茶だ．

　よって⑮のような文は，「XのはYだ」の形式を取ってはいるが分裂文とは区別される．

⑮　太郎が紅茶を注文したのは意外だった．

　⑮では，⑭のような形で「X」の部分に変項の存在を想定することはできない．⑮は，「太郎が紅茶を注文した」という事態に対する話者の心的態度が「Y」の位置に現れたものである．

　では，分裂文と文脈との関係を「のだ」文と比較しながら次例を見ていこう．

第3章　分裂文と「のだ」文 —— 課題設定のあり方と構文の文脈依存性 —— 37

⑯　慰安婦問題の資料に必ずと言ってよいほど使われる写真がある．慰安所入り口に掲げられた「身も心も捧ぐ大和撫子のサービス」と書かれた看板をとらえている．別の写真には，上海の小学校に慰安婦として集められた着物姿の女性たちに交じったチマ・チョゴリを着た女性も見られる．撮影したのは，元軍医の麻生徹男さん．89年に亡くなった．中国戦線に従軍し，上海などで従軍慰安婦関係の資料写真を撮影しただけでなく，産婦人科医の立場から慰安婦を考察したリポートを作成した．（毎日新聞3月7日1992年）

　本例の分裂文は，拙論で「同定－話題導入タイプの分裂文」としたもので，前提部分に「Xが撮影した」といった形で変項の存在が想定され，この変項に「元軍医の麻生徹男さん」が値を与えて同定し，さらに同要素は，話題として談話に導入されている．「元軍医の麻生徹男さん」が話題として談話に導入されていることは，後続部分に同要素に関する記述が現れていることから明らかである．本例においては，下線部を「元軍医の麻生徹男さんが撮影したのだ」というように「のだ」文に置き換えたとしても自然さは失われない[4]．益岡（1991）の分析に則して言えば，文脈から「誰かが撮影した」といった事態が与えられ，これに対して「未定部分を埋めるべき要素は何か」という課題が設定されて，「元軍医の麻生徹男さんが撮影した」という叙述がこの課題に対する答えとなっていると考えられよう．次の⑰についてはどうであろう．

⑰　#ほくほくとした気持ちで，散歩から帰ってきた．わたしをほくほくとさせてくれたのは，公園で出会ったひとりの女性である．79歳だという．どちらも犬といっしょということもあり，親しく言葉をわすようになって半年．今朝の彼女は，きれいな藤色のマウンテンパーカーを着ていた．足元は軽快なジョギングシューズで，靴紐の色もパーカーと同じ藤色．おしゃれである．（毎日新聞3月10日1992年）

　⑰の分裂文も⑯の分裂文と同様に「同定－話題導入タイプ」の分裂文である．本例の下線部も「公園で出会ったひとりの女性がわたしをほくほくとさせてくれたのだ」というように「のだ」文と置き換えても自然さは失われない．文脈に基づいて「誰がわたしをほくほくとさせてくれたか」といった課題が設定さ

れ,「公園で出会ったひとりの女性がわたしをほくほくとさせてくれた」という叙述が課題に対する答えになっていると考えられる.⑯,⑰を見る限りでは,分裂文と「のだ」文に談話における振る舞いの違いは観察されず,両構文の文脈依存性には違いがないかのように見える.しかしながら,次例では分裂文を「のだ」文に置き換えることはできない.

⑱ #「人類と野生生物の共生」を掲げて京都市の国立京都国際会館で今月2日から開かれていた第8回ワシントン条約締約国会議が13日閉会した.その取材で感じたのは,ワ条約が大きな転換点に立っていることだった.(#その取材でワ条約が大きな転換点に立っていることを感じたのだった.)冷戦終結後の会議だけに,ある程度は予想していたが,これほど南北間の対立が鮮明になるとは驚きだった.(毎日新聞3月14日1992年)

本例では,先行文脈とのつながりがない,あるいは希薄であるため,先の⑯,⑰のように文脈情報に基づいて「その取材で何を感じたか」といった課題が設定されうるとは考えられず,「のだ」文の使用は不自然なものとなる.次の⑲,⑳についても同様である.

⑲ 17日から3日間,大阪市港区の「天保山ハーバービレッジ」などで,障害者の絵画,演劇,音楽などを本格的に紹介するわが国最初の芸術祭が開かれる.その世話人の1人.つるつる頭をスクリーンに平和のメッセージを映した写真,足を広げたスルメなど,「美しい芸術作品」を郵便で送り合うメールアーチストでもある.中学の美術教師時代,最も影響を受けたのは精神薄弱の生徒たちの作品だった.(#中学の美術教師時代,精神薄弱の生徒たちの作品に最も影響を受けたのだ.)知恵遅れの少年がいた.「チョーク箱の裏はきれい」と詩に書き,教師に「山や花がきれいと書け」としかられた.(毎日新湖3月15日1992年)

⑳ 米国で標識をつけて放流されたクロマグロは,記録によると早いもので674日,遅いもので1906日で日本に帰着したという.旅行から帰ったクロマグロは生まれ故郷の南の海で産卵する.そこに海洋牧場をつくって稚魚を育てようという構想がある.黒潮に稚魚を放流する,3,4

第3章 分裂文と「のだ」文 —— 課題設定のあり方と構文の文脈依存性 —— 39

年で成魚になり,故郷の海に帰ってくる.資源は増えるし,トロももっと安く食べられるだろうという結構ずくめの発想だ.大林組プロジェクトチームが目をつけたのは鹿児島県トカラ列島.(#大林組プロジェクトチームは鹿児島県トカラ列島に目をつけたのだ.)黒潮洗うクロマグロの産卵場である.(毎日新聞3月11日1992年)

それぞれ何らかの文脈情報に基づいて「中学の美術教師時代,何に最も影響を受けたか」「大林組プロジェクトチームは何に目をつけたか」といった課題設定が行われうるとは考えられず,「のだ」文の使用は不自然なものとなるのに対して,分裂文は問題なく用いられうる.⑱～⑳より分裂文と「のだ」文では,文脈依存性に違いがあることが観察されたが,この違いは何に拠るのであろうか.ここで分裂文の構文としての成り立ちを再確認してみよう.本節の最初の部分でも述べたように,分裂文,「XのはYだ」構文においては,前提部分,「X」の部分に変項の存在が想定され,この変項に値を与える要素が「Y」の位置に現れているのであった.例えば,「太郎が注文したのはコーヒーだ」といった分裂文は,「太郎がXを注文した.そのXはコーヒーだ.」といった形で成り立っているのである.このような分裂文の構文としての成り立ちと益岡(1991)の叙述様式判断型の「のだ」文と分裂文の類似性に関する議論とを考え合わせると,分裂文では,課題設定が前提部分に変項の存在が想定されるという形で言語形式に組み込まれているとみなすことができ,このことが両構文の文脈依存性の違いに反映されていると思われる[5].つまり,「太郎はコーヒーを注文したのだ」といった「のだ」文では,何らかの文脈情報に基づいて「太郎は何を注文したか」といった課題設定が行われなければならないが,「太郎が注文したのはコーヒーだ」といった分裂文では,このような課題設定が言語形式に,特に変項の存在が想定される前提部分に組み込まれており,このため叙述様式判断型の「のだ」文は,文脈に依存する形でしか談話の中に現れることができないが,分裂文は,文脈に依存せずとも談話の中に現れうるのだと考えられる[6].以下にあげた㉑,㉒では,分裂文が談話の冒頭に現れている.談話の冒頭部分では,課題設定が拠って立つべき文脈情報が与えられないので,「のだ」文は現れることができないが,課題設定が言語形式に組み込まれた分

裂文は自然な形で現れうる．

㉑　＃政財界の暗黒面をあばき，大きな世論を喚起したのは報道の力である．（＃報道の力が政財界の暗黒面をあばき，大きな世論を喚起したのである）健全な情報化社会が，民主主義の強い味方であることを如実に証明している．（毎日新聞11月2日1992年）

㉒　＃日本皇民党の「ほめ殺し」に対抗して竹下元首相が持ち出したのは「問題意識」だった．（＃日本皇民党の「ほめ殺し」に対抗して竹下元首相は「問題意識」を持ち出したのだった）ほめ殺しがイラクのスカッド・ミサイルなら，問題意識は米軍の迎撃用パトリオット．（毎日新聞11月27日1992年）

拙論では，これまで見てきた「同定−話題導入タイプ」の分裂文以外に「降格タイプ」と呼ぶべき分裂文が存在することを指摘した．㉓がその例である．

㉓　旅行業界には景気後退の波はほとんど押し寄せていない．JTBによると「法人需要に若干かげりが見られるが，個人は好調」だ．1月の海外旅行の伸びは19.4%，国内も6.8%．「旅行支出の優先順位が高くなっている．年1，2回の家族旅行を取りやめる人はいない」というのがJTBの解説だ．バブル全盛期に比べれば消費は確かに落ち込んでいる．しかし，消費の中身に新しいトレンドが生まれている，と指摘するのは三菱銀行調査部の森英高次長だ．景気後退局面では，生活にかかせない食料品などの必需的な支出は小幅減少にとどまるが，外食，レジャーなど消費者の選択の余地が大きい随意的支出が抑制されるというパターンが一般的だった．ところが今回は必需的支出の落ち込みをしり目に，随意的支出が逆に伸びている．かつて，不況下で節約の対象だった随意的支出は，豊かさ志向の中で今では消費のリード役へと変わっている．（毎日新聞3月14日1992年）

本例の分裂文でも，これまでに観察した分裂文と同様に前提部分に「Xが消費の中身に新しいトレンドが生まれている，と指摘する」といった形で変項の存在が想定され（あるいは課題設定が組み込まれ），この変項に「三菱銀行調査部の森英高次長」が値を与える形で成り立っているのであるが，後続部分と

第3章　分裂文と「のだ」文 ── 課題設定のあり方と構文の文脈依存性 ──　41

のつながりから考えて「三菱銀行調査部の森英高次長」よりも「消費の中身に新しいトレンドが生まれている（こと）」の方が情報としての価値が高い．つまり，「XのはYだ」の「Y」の部分よりも「X」の部分の方が重要なわけで，この点において「同定−話題導入タイプ」の分裂文と異なっている．本例の分裂文では，通常の語順のままでは目立ち過ぎる要素（三菱銀行調査部の森英高次長）を「Y」の位置に降格させていると考えられ，同構文のこのような特徴にちなんで拙論では「降格タイプ」と呼んだのであった．

　降格タイプの分裂文と同定−話題導入タイプの分裂文には，上述したような違いが認められるものの，課題設定が言語形式に組み込まれているがゆえに文脈に依存せずとも談話の中に現れうるという点では両タイプの分裂文は共通している．したがって，㉓の分裂文を「三菱銀行調査部の森英高次長が消費の中身に新しいトレンドが生まれている，と指摘するのだ」といった叙述様式判断型の「のだ」文に置き換えることはできない．降格タイプの分裂文は，同定−話題導入タイプの分裂文と同様に談話の冒頭にも現れることができる．

㉔　<u>#富士五湖を「緒が切れて裾野にこぼれた五つの珠」にたとえたのは詩人の金子光晴だった</u>．（#金子光晴が富士五湖を「緒が切れて裾野にこぼれた五つの珠」にたとえたのだった）「移り気なふじよ／雲烟にかくれまはり／つゆつぽい五つの湖とふじは心の遊戯をする」（毎日新聞 4月21日 1992年）

先の㉑，㉒と同様に，課題設定が言語形式に組み込まれた降格分裂文は先行文脈のない談話の冒頭部分にも現れうるが，「のだ」文は課題設定が拠って立つべき文脈情報が与えられないために現れることができない．


## 4．まとめ

分裂文と益岡（1991）のいうところの叙述様式判断型の「のだ」文との間には，構文レベルで見た場合，意味的なつながりが認められる．しかしながら両構文を談話レベルで見ると，分裂文が文脈に依存せずとも談話の中に自然な形で現

れうるのに対して，叙述様式判断型の「のだ」文は何らかの文脈情報に依存する形でしか談話の中に現れることができない．

両構文に見られるこのような文脈依存性の違いは，益岡（1991）で提案された課題設定がそれぞれの構文でどのような形で行われるかに帰せられるように思われる．「のだ」文では，何らかの文脈情報に基づいて課題設定が行われるのに対して，分裂文では，課題設定が前提部分に変項の存在が想定されるという形で言語形式に組み込まれている．このことが両構文の文脈依存性の違いに反映されていると考えられるのである．

注
1) 当然のことながら，④に対する答えとしての②，③は，「カレーを注文しました」といった答えに比べて冗長的ではある．
2) 本章で分裂文とともに考察の対象としているのは，あくまでも益岡（1991）のいうところの叙述様式判断型の「のだ」文であり，「のだ」文全般を対象にしているのではない．本文において単に「のだ」文としている場合でも叙述様式判断型の「のだ」文の意味で使っている．
3) 参考文献にあげた伊藤（1992）を指す．
4) このような「のだ」文が分裂文と同様に話題導入機能を果すか否かについては，本章では議論しない．
5) 特に，2節の⑫と⑬の類似性に注目されたい．
6) 中田（1984）は，日本語の分裂文は英語のWh-Cleftと同様に話者が1人で生成した（self-generated）Q-Aの対（pair）が構文化（syntacticized）したものであろうとしており，このself-ないしauto-generated Q-Aの対が他の平叙文よりも言語行為として効率的であるのは，話者がQ-Aを使うことによって，あたかも聴者が話者のQに対するAに関心をもっているかのような効果が出せるからであろうと述べている．このような見方は，分裂文が課題設定を言語形式に取り込んでいるとする本章の見方と類似するものではあるが，分裂文が疑問文を含んでいるとする分析には議論の余地があと思われる．英語のWh-Cleftには，疑問文であることを明示的に表す要兼（what）が含まれているが，日本語の分裂文には，そのような要素が見いだされないからである．

# 第4章
# 分裂文と情報のなわ張り理論

## 1. はじめに

「情報のなわ張り理論」は，Kamio（1979）においてその基本的なアイディアが示され，その後，Kamio（1987）で博士論文としてまとめられた．さらに，神尾（1990）では同理論のその時点での集大成が行われ，「情報のなわ張りと諸文形」と題した第3章においては，「分裂文」「前提句および文」「心理文」「遂行文」等が分析されている．本章では，「情報のなわ張り理論」に基づく分裂文の分析を批判的に検討し，同構文（特にその前提部分）の特徴を「情報のなわ張り」といった概念でとらえようとするのは妥当ではないことを主張する．

## 2. 情報のなわ張り理論

本節では，本章の議論との関係で必要と思われる範囲で「情報のなわ張り理論」を概観する．まず「情報のなわ張り」の定義を神尾（1990:21）より以下に引用する．

① 話し手または聞き手と文の表す情報との間に一次元の心理的距離が成り立つものとする．この距離は〈近〉および〈遠〉の2つの目盛りによって測定される．

② 〈Xの情報のなわ張り〉とは，①によりXに〈近〉とされる情報の集合である．ここで，Xは話し手または聞き手とする．

上の定義により，「情報のなわ張り」は以下に示す4つの領域に分かれる．

③

|  | | 話し手のなわ張り | |
|---|---|---|---|
|  | | 内 | 外 |
| 聞き手の<br>なわ張り | 外 | A | C |
|  | 内 | B | D |

（神尾（1990:22））

どのような情報が話し手または聞き手にとって〈近〉情報となるかについては，神尾（1990:33）は④のようなリストを掲げて，「一般に，情報の性質が以下の条件のいずれかを満たしていれば，与えられた情報は話し手または聞き手にとって，〈近〉情報となる」としている．話し手にとっての場合と聞き手にとっての場合とはまったく同一であるので，④では話し手の場合だけが示されている．

④　a．話し手自身が直接体験によって得た情報
　　b．話し手自身の過去の生活史や所有物についての個人的事実を表す情報
　　c．話し手自身の確定している行動予定および計画などについての情報
　　d．話し手自身の近親者またはごく身近な人物についての重要な個人的事実を表す情報
　　e．話し手自身の近親者またはごく身近な人物の確定している重要な行動予定，計画などについての情報
　　f．話し手自身の職業的あるいは専門領域における基本的情報
　　g．話し手自身が深い地理的関係を持つ場所についての情報
　　h．その他，話し手自身に何らかの深い関わりを持つ情報

話し手の情報のなわ張りに属するか否かという違いは，日本語では直接形か間接形か，という文末の形態上の違いで区別される．直接形は，主述語の言い切り，もしくはそれに文体的助動詞「です」「ます」「ございます」等が付加された形である．間接形は，「らしい」「ようだ」「そうだ」「と思われる」「だろう」等の推測，伝聞，主観的判断等を表す要素を文末に持つか，もしくはそれに上

の文体的助動詞が付加されたものである．神尾（1990:22）にあげられている以下の例を見られたい．

⑤　a．昨日は動物園に行って来ました．
　　b．私，頭が痛い．
　　c．主人は来月1日にアメリカへ発ちます．
　　d．京都の人口は150万人ぐらいですよ．

⑤aは④aの「話し手の直接体験」または④bの「話し手の過去の生活史」に属し，⑤bは④aの「話し手の直接体験」に属すると考えられる．このような情報は，話し手のなわ張りに属し，聞き手のなわ張りに属さない典型的な情報であるので，直接形で表される．もしこれらを間接形で表すと⑥のような不自然な発話になってしまう．

⑥　a．??昨日動物園に行って来たらしい．
　　b．??私，頭が痛いようよ．

（神尾（1990:23））

ただし特殊な文脈を考えれば，⑥の両文は適切な表現になりうる．例えば，⑥aでは話し手が夢遊病者のような心理状態であった場合，そして，⑥bについては特異な修辞的効果として「頭が痛い」ことを婉曲に語るような場合である．

⑤cは④eの「話し手の近親者の行動予定」に属するので直接形で表されるが，⑦のように間接形で表しても不自然ではない．

⑦主人は来月1日にアメリカへ発つようです．　（神尾（1990:24））

ただし，本例では話し手が情報との間に距離をおいていることがはっきりと感じられる．⑤dについても同様の選択の可能性があるが，そこには興味深い関係が関与する．⑤dのような直接形は，京都の住人が例えば東京の住人に対して発話するような場合にはふさわしいが，逆に東京の住人が京都の住人に対して発話するような場合には，⑧にあげるような間接形が自然である．

⑧　a．京都の人口は150万人ぐらいのようですね．
　　b．京都の人口は150万人ぐらいだそうですね．
　　c．京都の人口は150万人ぐらいらしいですね．

（神尾（1990:25））

このことは，④gの「話し手が深い地理的関係を持つ場所」という条件から予測されることであるが，同じく東京の話し手が京都の住人を聞き手とする場合でも，話し手が例えば人口問題の専門家であるとすると，⑤dの方がより自然な発話となる．これは，④fの「話し手の職業的あるいは専門領域」という条件がより優位に働くためであると説明される．

さらに神尾は，日本語では情報が聞き手のなわ張りに属するか否かを区別する言語的標識が存在すると主張する．終助詞「ね」がそれである．先の例で言えば，東京の住人の京都の住人に対する発話として⑧は適切であるが，以下のように「ね」を落としてしまうとやや不自然な発話となる．

⑨　？京都の人口は150万人ぐらいのようです．

すなわち話し手のなわ張りの外，聞き手のなわ張りの内にある情報を述べる場合には，間接形に終助詞「ね」を付加した形（「間接ね形」とされている）が適切であるということになる．

また，話し手，聞き手双方にとって自分のなわ張りに属すると考えられる情報は，直接形に終助詞「ね」を付加した形（「直接ね形」とされている）で述べられるのが自然である．

⑩　今日は，よい天気ですね．

本例は，屋外で交わされた対話の一部であるとすると，このような現在の天候に関する情報は，話し手，聞き手とも直接体験によって得られるものであるので，「直接ね形」が最もふさわしいと言える．⑪に示すような例は，当該の状況では不自然であり，このような例を自然なものにするためには，何か特別な文脈を想定しなければならない．

⑪　a．?? 今日は，よい天気です．
　　b．?? 今日は，よい天気らしいです．
　　c．?? 今日は，よい天気らしいですね．

これまでの観察から，日本語においては，情報のなわ張りに関して文末の形式が次頁のように分布するとされている．

⑫

|  |  | 話し手のなわ張り ||
|  |  | 内 | 外 |
| --- | --- | --- | --- |
| 聞き手のなわ張り | 外 | A 直接形 | C 間接形 |
|  | 内 | B 直接ね形 | D 間接ね形 |

(神尾（1990:32））

　以上，本節では「情報のなわ張り理論」とは何かを概観した．次の第3節では，同理論に基づく分裂文の分析を取り上げる．


## 3. 情報のなわ張り理論による分裂文の分析

　神尾（1990:84）は，日本語には西欧諸語において分裂文（cleft sentence）と呼ばれる構文にほぼ対応する以下のような構文があるとしている．
⑬　a．花子が描いたのはこの絵だ．
　　b．その時花子が描いたのがこの絵です．
　　c．この絵を描いたのは花子ではない．
　　d．その時この絵を描いたのが花子でしょう．

　分裂文は，基本的には「〜のは／が…だ」というパターンを成し，「〜」の部分は〈前提〉と呼ばれ，「…」の部分は〈焦点〉と呼ばれる．例えば，⑬aには「花子がXを描いた」という前提が伴い，焦点の部分（「この絵」）は前提におけるXが何であるかを表す．⑬aが発せられる以前に前提部の「花子がXを描いた」ことが話し手および聞き手に了解されていなければならないのに対して，「Xはこの絵だ」という情報は⑬a自体によって初めてもたらされる情報を表しているので，分裂文の情報の中心は「…だ」の位置にある．
　また，分裂文では焦点の位置の語句を前提の中の適切な位置におけば，通常の平叙文が得られなければならないとしている．例えば，⑬aでは「この絵」を「描

いた」の直前におき，助詞「を」を補えば「花子がこの絵を描いた」が得られる．このことは，当該の文が分裂文であるか否かを決定する基本的な条件であるという．

さらに神尾（1990:85-88）は，Prince（1978）を引用しながら，英語の分裂文について言及している．英語には以下にあげるような2種類の分裂文がある．

⑭　a．It was this picture that Hanako painted.
　　b．What Hanako painted was this picture.

⑭ a は It 分裂文と呼ばれ，⑭ b は wh 分裂文と呼ばれる．It 分裂文は「焦点＋前提」の情報構造を持ち，Wh 分裂文は「前提＋焦点」の情報構造を持っている．Prince（1978）は，この2種類の分裂文がどのような文脈の中で用いられるかを調べ，両者の間に興味深い違いのあることを示している．まず Wh 分裂文は，Prince によれば，その前提部分（wh 節の部分）が聞き手の意識に自然に思い浮かぶ様な情報でなければならないということである．例えば，

⑮　a．There is no question what they are after. What the Committee is after is somebody at the White House....
　　b．What we're going to look at today is....
　　c．# What one of my colleagues said this morning was....

⑮ a では，they と the Committee は同一指示であり，Wh 分裂文の前提部分の直前にそれと同じ内容のことが述べられている．よって，聞き手は前提部分の表す情報を自然に意識に思い浮かべることができる．⑮ b および⑮ c は，社会的状況によって Wh 分裂文が用いられ得るか否かが決まることを示している．⑮ b が大学の教師によって講義の冒頭に用いられたとすれば，聞き手である学生たちはその日の講義で何かを検討することを予期しているので，同文の前提部分は聞き手にとって容易に意識に思い浮かぶ情報を表しているといえる．一方，同じ状況で⑮ c のような発言が教師によってなされたとしても，学生のまったく予期していない情報が述べられているので，Wh 分裂文の前提部分は聞き手が自然に意識に思い浮かべられるような情報を表していない．このため，講義の冒頭で⑮ c を用いるのは不自然である．

これに対して，It 分裂文の前提部分は，Prince によれば，Wh 分裂文のそれ

とは異なって話し手がすでに事実となっているとみなしており，しかも他の人びとに広く知られているとみなす情報を表している．さらに，このような情報はIt分裂文の現れている談話の中にはこれまで生じなかった情報であり，聞き手にとっては新しい情報である．例えば，

⑯ It was just about 50 years ago that Henry Ford gave us the weekend....

同例では，前提部分（that節の部分）がすでに知られている事実として述べられている．このようなPrinceの分析を踏まえた上で，神尾は日本語の分裂文を分析し，日本語の1種類の分裂文は，英語のIt分裂文とwh分裂文の双方の機能を担っているとしている．

⑰ a．1月18日，（…）火曜日．午前6時に家を出た．…こんな時間に家を出たのは朝のラッシュ時の鶴見線に乗ってみたかったからである．

b．3両編成のディーゼルカーの客は男女の高校生ばかりだった．賑やかな車内に飛び交うのは鹿児島弁だった．

⑰aでは，分裂文の前提部分と実質的に同一の内容の文が先行文脈に現れており，⑰bでは，先行する文から分裂文の前提部分の「何かが賑やかな車内に飛び交う」という情報が自然に聞き手の念頭に思い浮かびやすい．これらの例は，英語のWh分裂文と同様の情報を表す分裂文前提部を持っており，Princeの主張する英語のWh分裂文の機能ときわめてよく対応する機能を持つものであるとしている．

次の⑱は，英語のIt分裂文の前提部分ときわめてよく対応する機能を持つ日本語の分裂文の例としてあげられているものである．

⑱ a．大谷幸助が三条河原町の旅館へ戻ってきたのは5時だった．

b．正三の母から，もし暇だったら一度夕食をしながら遊びに来てくれないかと電話があったのは孝子が正三と変な別れ方をしてから20日ほど経った時であった．

⑱の分裂文の前提部分は，それ以前の文章においてまったく述べられていなかった事柄をすでに確立された事実として述べている．したがって，これらの例における分裂文の前提部分は，話し手が事実とみなしている情報を表してお

り，Princeが示した英語のIt分裂文の前提部分の働きときわめて類似しているという．

　以上の考察を踏まえた上で，神尾は分裂文の前提部分が表現する情報となわ張り理論との関連について議論を進める．神尾によれば，先に見た⑰⑱の例も含めて分裂文の実例のほとんどは前提部分に直接形を持ち，直接形以外の形式を持つ⑲のような例はきわめて僅かである．

　⑲　K2の食料担当を引き受けて，深田が過去の遠征隊のどこよりも潤沢に集めたと思われるのが，アルコール飲料であった．

　神尾は，「思われる」という文末形は「話し手にとって〜と思われる」という意味の場合，「らしい」「そうだ」などの間接形と同じ働きを持つとした上で，前提部分に間接形を持つ⑲のような分裂文はPrinceによる英語のWh分裂文の機能を持つとしている．このような観察から，英語のIt分裂文に対応する機能を持つ日本語の分裂文の前提部分は直接形のみを取り，英語のWh分裂文に対応する機能を持つ日本語の分裂文の前提部分はさまざまであるが，間接形を取ることができるという一般化が導かれる．英語のWh分裂文に対応する機能を持つ日本語の分裂文の前提部分が間接形を取り得るという一般化に対する根拠として以下の例があげられている．

　⑳　??あの人がここへ来るらしいのはあさってですよ．

　㉑　??山田君が書いたみたいなのはこっちの手紙です．

⑳㉑は，かなり不自然であるが，これらが用いられ得る文脈を想像することは不可能ではないという．

　㉒　A：あの人はあしたここへ来るらしいね．
　　　B：?いや，あの人がここへ来るらしいのはあさってですよ．
　㉓　A：そっちの手紙は山田君が書いたみたいだな．
　　　B：?いや，山田君が書いたみたいなのはこっちの方ですよ．

先行する会話や発言の中で用いられた間接形と同じ形式を前提部分に用いた㉒B㉓Bのような分裂文は明らかに英語のWh分裂文に相当する．このような一般化から，日本語の分裂文のうち英語のIt分裂文に対応する機能を持つものは，前提部分が話し手の情報のなわ張りに属する情報を表し，英語のWh分

裂文に対応する機能を持つものも，多くの場合前提部分が話し手のなわ張りに属する情報を表すが，間接形を取り得る場合があり，話し手のなわ張りの外にある情報をも表現することができるとしている．

以上，本節では情報のなわ張り理論による分裂文の分析を概観した．次の第4節と第5節では，このような分析の問題点を考えていく．


## 4. 「XのはYだ」と「XのがYだ」

神尾（1990:84-96）は，焦点の位置にある語句を前提部分の適切な位置におけば，通常の平叙文が得られることを分裂文の基本的条件として「XのはYだ」の形式を取る分裂文も「XのがYだ」の形式を取る分裂文も同様に扱っている．つまり，㉕㉖の両文を共に㉔から派生された分裂文であるとして特に区別しないのである．

㉔　太郎が花子を殴った．
㉕　花子を殴ったのは太郎だ．
㉖　花子を殴ったのが太郎だ．

しかしながら，「XのはYだ」タイプの分裂文と「XのがYだ」タイプの分裂文では，その意味・機能に異なりがある．まず，構文レベルでの違いを見てみよう．

㉗　花子が描いたのはこの絵だけだ．
㉘　#花子が描いたのがこの絵だけだ．

いわゆる取り立て助詞との共起関係を見てみると，「XのはYだ」タイプの分裂文（以下では「は」分裂文とする）は焦点の要素に「だけ」を付加することが可能であるが，「XのがYだ」タイプの分裂文（以下では「が」分裂文とする）ではそれが不可能である．これは，㉗の「は」分裂文が「花子が描いたのは他のなにものでもなくこの絵だ」といった意味を表すのに対して，㉘の「が」分裂文はそのような意味を表さないからであると思われる．

次に談話レベルでの違いを観察する．神尾があげている「は」分裂文および㉙

の例と㉚㉛の「が」分裂文を比べられたい（♯は談話の冒頭であることを示す）．

㉙　英国の上下両院議長はスピーカーと呼ばれる．それにならって米国の下院議長もスピーカーだ（上院議長はプレジデント）．スピーカーとは議院のために代弁するという意味で，国王に対して議院の見解を述べ，議院には国王の意見を伝えるのが役目だ．<u>英国で最初にスピーカーと呼ばれたのは 14 世紀のトマス・ハンガーフォードである</u>．この人は国王の前で堂々と議院の意思を述べたために国王の怒りに触れ，投獄されてしまった．逆に国王の言い分を通して，議員につるし上げられたスピーカーもいる．（毎日新聞 1 月 23 日 1992 年）

㉚　時間外労働で違反を命じた者には減給などの処分ができるという泣寝入り防止策を「三六協定」に盛り込んだ企業もあるが，少数派．また，<u>サービス残業の追放に思わぬ効果があったのがフレックスタイム制の導入</u>．もともと通勤ラッシュを避けるため，一定の時間内で出勤時間と退社時間を選択できるようにしたものだが「上司が帰るまでは帰りたくない」というサラリーマン心情からくる「ダラダラ残業」をやんわりと拒否する助けになったという．（毎日新聞 2 月 20 日 1992 年）

㉛　♯ジョルジュ・ドメストラル氏といってもまずご存じないだろう．細いナイロン地のテープを二枚合わせるとぴったりついて離れなくなる．あの面ファスナー（日本の商品名マジックテープ）ならご存じのはず．<u>その面ファスナーを考案したのがドメストラル氏である</u>．気管支炎をこじらせて死去，という短い記事が新聞に出ていた．（毎日新聞 2 月 15 日 1990 年）

㉙の「は」分裂文の焦点の位置に現れている「14 世紀のトマス・ハンガーフォード」と㉚の「が」分裂文の焦点の位置に現れている「フレックスタイム制の導入」は談話に新たに導入された要素である．これに対して，㉛の「が」分裂文の焦点の位置に現れている「ドメストラル氏」は，先行文脈から考えて指示対象が設定された名詞句であり，談話に新たに導入された要素ではない．この点において，㉛の「が」分裂文は「は」分裂文と異なっている．次の㉜の「が」分裂文についても同様のことがいえる．

㉜ #キーボードで「マーガレット・サッチャー」と入力すると,コンピューターに潜んでいたウイルスが暴れ出し,入力中の文書を消して英国旗とサッチャー前首相の顔が現れる.英国でこんなコンピューターウイルスが出現したことがあった.<u>細胞に取りついて自己増殖する生物学のウイルスそのまま,コンピューターシステムに入り込んで悪さをするのがコンピューターウイルスである</u>.ウイルスはあるきっかけで,活動を開始する.「マーガレット・サッチャー」という言葉がそのきっかけだった.13日の金曜日に働き出すように調整されたウイルスもある.(毎日新聞2月1日1992年)

本例においても,「が」分裂文の焦点の位置に現れている「コンピューターウイルス」は談話に新たに導入された要素ではなく,むしろ話し手と聞き手の間の共有知識であるといえよう.㉛㉜の「が」分裂文は,題目と解説部分をひっくりかえした仁田(1989)の「転移陰題の有題文」に類似した表現であると考えられる.㉛の「が」分裂文についていえば,「ドメストラル氏はその面ファスナーを考案した」といった通常の有題文の題目「ドメストラル氏」と解説部分「その面ファスナーを考案した」をひっくりかえして,「その面ファスナーを考案したのがドメストラル氏だ」が派生されたと考えるのである.先の㉜および以下にあげる㉝㉞㉟の「が」分裂文についても「転移陰題の有題文」に類似した表現特性を見て取ることができる.

㉝ 「てん」からは想像できないが,「塡」という字の意味はすごい.「真と土の会意字.その屍を塡めることである」とドキッとするような説明がある(たとえば『漢字類編』).というのも,「真」は人が仰向けに倒れた姿を表す文字だからだ.上古,王や貴族が死ぬと,何人もの従者や奴隷が殉葬者として墓穴に埋められた.<u>人間を倒して穴の中に埋め,空隙をみたすことを示すのが真の字である</u>.いっぱい詰まって欠けた部分がない.外から中まで一貫している.それが真であると,これは藤堂明保氏の説だ.(毎日新聞8月3日1991年)

㉞ 1976年7月,南仏ニースの銀行を襲った「どぶねずみ怪盗団」はトンネル工事中,地下駐車場の電線から明かりをとり,換気扇を回し,ガ

スマスクをつけてほこりを防いだ．泥棒まで作業環境に気を使う世の中．19世紀末のドイル時代とはだいぶ違う．イタリア映画「黄金の7人」でもロールスロイスに乗った「教授」がトンネル強盗の指揮をとっていた．白昼，道路工事を装って銀行の前で穴を掘り，まんまと世間を欺いて金塊を奪取する．その後，お定まりの仲間割れで，金塊はフイになるという筋．「どぶねずみ」一味も逮捕されたし，<u>労多くして割に合わないのがトンネル強盗だ</u>．コロンビアの泥棒もそのうち足がついて，換気も電話もないところに押し込められるのがおちだろう．銀行のトンネルの先に，人生の暗いトンネルが待っている．（毎日新聞11月8日1991年）

㉟　日本の場合，税のもとにある概念は「みつぎ」だそうだ．「み」は美称の御で，謹んで差し上げる，提供する，つまり貢ぐ．はじめは現物を自分で運んで納めていたが，14，5世紀に中国から貨幣が入ってきて，貨幣納が普及した．渡部昇一・上智大学教授は「火をつぐのも『つぐ』で，何か消えないようにさしくべる感じだし，いつまでも見てやることを『見てつぐ』という．だから，<u>とにかく助けて，火なら，それを消えないようにしてやる</u>」のが貢ぐだという．それでわかった．小沢元自民党幹事長が中心となって推進した「国際貢献増税」は今国会で不成立となる国連平和維持活動協力法案のつなぎ，ブッシュ米大統領の来日を前に国際貢献の火を消さないように別の火をくべる儀式，米国への貢ぎ物になるはずだった．（毎日新聞12月17日1991年）

情報のなわ張り理論にしたがえば，談話に新規に導入された情報は話し手のなわ張りに，話し手と聞き手との間で共有されている情報は話し手と聞き手両方のなわ張りに属するということになろうと思われるが，同理論の枠組で㉙㉚のタイプの分裂文と㉛〜㉟のタイプの分裂文を区別するのは困難であるように思われる．前提部分だけでなく焦点の位置に現れる要素までも考慮に入れた場合，すなわち分裂文という構文全体の特徴をとらえようとする場合，情報のなわ張り理論はその有効性が疑わしくなるのである．

## 5. 前提部分の名詞句的性格

　第3節でも見たように，神尾（1990:90）は分裂文の実例のほとんどは前提部分に直接形を持ち，間接形を持つ例はきわめて僅かであるとしている．この観察自体は正しいが，分裂文の前提部分に間接形が現れにくいという事実は，それが話し手のなわ張り外の情報を表しうるか否かということとは無関係である．分裂文の前提部分に「らしい」「ようだ」「そうだ」「だろう」といった要素が現れない，あるいは現れにくいのは，同構文に含まれる名詞化接辞「の」の名詞性が高く，その前提部分が全体として名詞句を形成しているという構造上の理由が関係しているのである．
　まず㊱㊲から明らかなように，普通の体言相当語句の中または連体修飾句の中では，主格の「が」を「の」に変えることができる．いわゆる「ガノ可変」といわれる現象である．
　　㊱　太郎が読んだ本
　　㊲　太郎の読んだ本
分裂文においても，この「ガノ可変」が見られる．
　　㊳　昨日太郎が読んだのはこの本だ．
　　㊴　昨日太郎の読んだのはこの本だ．
　分裂文の前提部分の「の」は，連体修飾句を形成する力を持っているのである．同じ「の」でも「のだ」文の「の」は先行する一群の語句を体言的にまとめる力がかなり弛緩してきており，ガノ可変は不可能である．
　　㊵　雨が降っているのだ．
　　㊶　#雨の降っているのだ．
　さらに，次の㊷cに見られるように名詞化用法の「の」は母音がしばしば脱落して「ん」になる傾向が認められるが，
　　㊷　a．この絵は，どう見てもプロが描いたようには見えないね．
　　　　b．はい，その絵は花子が描いたのです．
　　　　c．はい，その絵は花子が描いたんです．

㊸cに見られるように代名用法の「の」(本例では「絵」に相当する)にはそうした事実は認められない．

㊸　a．どれが花子の描いた絵なの．
　　b．その絵が花子の描いたのです．
　　c．#その絵が花子の描いたんです．

分裂文の前提部分の「の」についても代名用法の「の」と同様の傾向が認められる．

㊹　#昨日太郎が読んだんはこの本だ．

以上の議論から明らかなように，分裂文に含まれる「の」は比較的高い名詞性を有しており，同構文の前提部分は名詞句を形成していると考えられる．

分裂文の前提部分が名詞句であるということであれば，㊻㊽㊿の分裂文に間接形が現れない，あるいは現れにくいことは，なわ張りの概念とは無関係に説明できる．

㊺　太郎が昨日この本を読んだらしい．
㊻　?太郎が昨日読んだらしいのはこの本だ．
㊼　花子がこの絵を描いたようだ．
㊽　??花子が描いたようなのはこの絵だ．
㊾　太郎が花子と会ったそうだ．
㊿　??太郎が会ったそうなのは花子だ．

すなわち，上記の分裂文の前提部分に間接形が現れることができないのは，名詞修飾節の中にモーダルな要素が現れることができないからであり，以下の諸例が不自然であるのと同様の現象であると考えられるのである．

㊑　?太郎が昨日読んだらしい本
㊒　??花子が描いたような絵
㊓　??太郎が会ったそうな女の子

㊻㊽㊿の分裂文は，いわゆる呼応副詞を共起させるとさらに自然さを失う．

㊔　#太郎がどうやら昨日読んだらしいのはこの本だ．
㊕　#花子がどうやら描いたようなのはこの絵だ．
㊖　#太郎がどうも会ったそうなのは花子だ．

これも，(51)－(53)が呼応副詞と共起することによって自然さを減じるのと同様の現象である.

(57)　#太郎がどうやら昨日読んだらしい本

(58)　#花子がどうやら描いたような絵

(59)　#太郎がどうも会ったそうな女の子

同じ間接形でも，「かもしれない」「にちがいない」等が分裂文の前提部分に現れた場合は，先の(46)(48)(50)よりも容認度は高いように思われる.

(60)　太郎が花子と会ったかもしれない.

(61)　(?) 太郎が会ったかもしれないのは花子だ.

(62)　太郎が花子に会ったにちがいない.

(63)　(?) 太郎があったにちがいないのは花子だ.

通常の連体修飾節においても，(51)－(53)よりも高い容認度を示すように思われる.

(64)　(?) 太郎が会ったかもしれない女の子

(65)　(?) 太郎が会ったにちがいない女の子

しかしながら，(61)(63)の分裂文も(46)(48)(50)の分裂文と同様に呼応副詞を共起させると容認度が落ちる.

(66)　?? 太郎がひょっとすると会ったかもしれないのは花子だ.

(67)　?? 太郎がきっと会ったにちがいないのは花子だ.

これは，(64)(65)の容認度が呼応副詞と共起することで落ちるのと同様の現象である.

(68)　?? 太郎がひょっとすると会ったかもしれない女の子

(69)　?? 太郎がきっと会ったにちがいない女の子

以上の議論から，分裂文の前提部分は名詞化接辞「の」の名詞性が比較的高く全体としては名詞句を形成しており，そのため間接形つまりモーダルな要素が現れにくいのであるということが明らかになったことと思う．分裂文の前提部分は，なわ張りの内・外といったこととは関係なく，構造上間接形を拒絶するのである．よって可能性としては，直接形が現れてはいるが聞き手のなわ張りに属する情報を表しているといったことも考えられよう.

## 6. おわりに

　本章では，情報のなわ張り理論による分裂文の分析の妥当性を検討した．第4節では，「XのがYだ」の形式を取る分裂文の中には転移陰題の有題文に相当するものがあるという事実を取り上げた．このタイプの分裂文では，焦点の位置に現れる要素が談話に新規に導入される情報ではなく，話し手と聞き手の間の共有知識を表すのであるが，このことが情報のなわ張り理論に基づく分析ではとらえられていないことを指摘した．第5節では，分裂文の前提部分が名詞化接辞「の」を主要部とする名詞句を形成しており，そのために間接形が現れ得ないことを示し，情報のなわ張りの概念とは関係なく，構造上直接形しか受けつけないものであるということを主張した．換言すれば，分裂文の前提部分では，主文と違って直接形と間接形が分化しないのであるから，なわ張りの内・外といった概念が有効性を持たないのである．

# 第Ⅱ部
## 接続表現

# 第1章

# Even so／それでも，そうだとしても，それにしても

## 1. はじめに

よく知られているように文照応の"so"は，もっぱら that 節が生起する環境に見られ，疑問節が生起する環境では容認不可能となる．以下の①〜③は，今西・浅野（1990）であげられている例である．

① Do you think they can come tonight? I expect so.
② I expected John to leave, and Steve expected so, too.
③ Who resigned? # Ask Bill so.

さらに文照応の"so"は，条件節を導く"if"や命題内容の蓋然性の程度を表す法的助動詞等と共起することも可能である．以下の④〜⑦も今西・浅野（1990）よりとった．

④ Everyone seems to think he's guilty. If so, no doubt he'll offer to resign.
⑤ Mary told me that John would come. Probably so.
⑥ He's leaving. Why so?
⑦ Mary is smart. Even so, you would never think that she'll be a doctor.

本章では，⑦に見られるような"even so"を接続表現の一種とみなし，その意味，機能上の特徴を明らかにし，さらに対応する日本語の接続表現との比較，対照を試みる．

## 2. 接続表現 "even so" について

まず，次の⑧～⑩を見られたい．

⑧　John is a bad drinker. *Even so*, I like him.

⑨　It seems that Mary is having an affair with Mike. *Even so*, I love her.

⑩　A：We are sorry, but that cashier isn't used to her job.
　　B：Even so, she takes too much time, doesn't she?

⑧～⑩では，同一の接続表現 "even so" が用いられてはいるが，その意味・機能は一様ではない．以下で，個々の例を詳しく分析してみよう．⑧の "even so" の "so" は，第１節の⑦のそれと同様に，先行する文 "John is a bad drinker" を受けている．同例における "even so" は，"even＋名詞" と変わりはなく，後に見る⑨の "even so" とは異なって仮定を行っているのではないと考えられる．⑧では，話者の思考や判断は介入していない．類例として⑪をあげておく．

⑪　Federal courts have recently scuttled other cases because of prosecutorial misconduct—among them, acquitting a Mexican physician charged in the murder of a U.S. drug agent and overturning convictions against leaders of Chicago's El Rukns gang. *Even so*, Attorney General Janet Reno vowed to push for Demjanjuk's "prompt removal" from the United States on the ground that he may have been a guard at another death camp. (*Newsweek*, Nov. 29th 1993)

⑨の "even so" 以下の文は，⑫のように書き換えられるだろう．

⑫　(Even) if it is true that Mary is having an affair with Mike, I love her.

⑧とは異なり，⑨においては，「話者の心的世界の中での関係づけ」とでもいったことが行われているといえる．次の⑬が類例である．

⑬ The job-eared billionaire's failed debate with Al Gore was written up like the encounter between Dorothy and the Wicked Witch of the West. *Even so*, Perot won't just melt away: he has $ 2 billion, and the press needs a colorful target to kick around. (*Newsweek*, Nov. 29th 1993)

⑩の "even so" 以下の文は，⑭のように書き換えられるように思われる．

⑭ (Even) if we admit that the person who isn't used to his or her job takes time, she takes too much time, doesn't she?

⑩では，⑧とも⑨とも異なって，話者の発話の観点や態度が表されていると考えられる．次の⑮についても同様である．

⑮ A：He ate nothing yesterday.
　　B：Even so, don't you think he is eating too much?

⑮Bは，"(Even) if we admit that the person who is very hungry eats a lot, don't you think he is eating too much?" といった解釈が与えられよう．

これまでの観察から明らかなように，⑧，⑨および⑩で用いられている "even so" の意味・機能には異なりが認められる．次の第3節では，このような接続表現 "even so" の意味・機能の異なりをSweetser (1990) が提案する "Cognitive Domain"（認知領域）と関連づけて議論しようと思う．


3. 接続表現 "even so" と Sweetser (1990) の "Domain"

Sweetser (1990) は，現実世界の領域 (Content Domain) と認識的領域 (Epistemic Domain) および発話行為の領域 (Speech Act Domain) を設定する．そして領域間の関係は，認知的に基礎付けられるとしている．これを図で表すと以下のようになる．(坪本 (1993) で示されている図を参考にした.)

このような領域間の関係については，具体的な領域が抽象的な領域に関係づけられるとしている．Sweetser (1990) は，このような考え方に基づいて英語の知覚動詞やモダリティ等を分析しているが，ここでは，本章の議論との

```
  ┌──────────────────┐   ┌──────────────────┐   ┌──────────────────┐
  │ Content Domain   ├───┤ Epistemic Domain ├───┤ Speech Act Domain│
  └──────────────────┘   └──────────────────┘   └──────────────────┘
    ┌──────────────┐              ┌──────────────┐
    │ Proposition  │              │   Modality   │
    └──────────────┘              └──────────────┘
       External World                Internal World
```

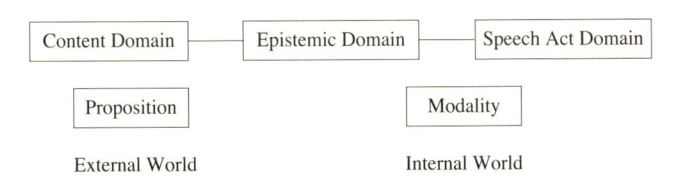

関連で興味深いと思われる条件表現についての分析をとりあげる．Sweetserは，英語の条件表現に先に見た3つの領域の区別が関係するとして，"Content Domain"における条件表現，"Epistemic Domain"における条件表現，"Speech Act Domain"における条件表現を区別している．"Content Domain"における条件表現とは，前件で表される出来事，事態の実現が後件で表される出来事，事態の実現の十分条件になるもので，次の⑯のような文がその例である．

⑯　If Mary goes, John will go.

"Epistemic Domain"における条件表現とは，前件で表される前提事項が真であることが後件で表される命題が真であることを結論づけるための十分条件となるものである．例としては，⑰のような文があげられている．

⑰　If John went to that party, (then) he was trying to infuriate Miriam.

"Speech Act Domain"における条件表現では，⑱に見られるように，後件で特定の発話行為を行うための何らかの条件が前件で表される．

⑱　If it's not rude to ask, what made you decide to leave IBM?

Sweetserの条件表現に関する考察と先に第2節で行った接続表現"even so"についての分析を照らし合わせてみると，同接続表現の意味・機能の多様性は，関係する領域の違いが反映されたものであることが分かる．すなわち，⑧の話者の思考や判断が介入しない"even so"は，"Content Domain"に関わる接続表現であり，⑨の話者の心的世界の中での関係づけを行う"even so"は，"Epistemic Domain"に関わる接続表現であり，さらに，⑩の話者の発話の観点や態度を表す"even so"は，"Speech Act Domain"に関わる接続表現であると考えられるのである．

次節では，"even so"に対応する日本語の接続表現について考察を行い，英

語の場合と異なって，日本語においては，それが関わる領域の違いに応じて接続表現の形式が分化することを見る．


## 4. 接続表現「それでも」「そうだとしても」「それにしても」について

⑧に相当する日本語の文は，⑲のようなものになろう．
 ⑧ John is a bad drinker. Even so, I like him.
 ⑲ 太郎は，酒癖が悪い．それでも，私は，彼が好きだ．
⑲における「それ」は，「太郎が酒癖が悪い（こと）」を受けており，「それでも」は「名詞＋でも」であると考えられる．「太郎が酒癖が悪いこと」は事実として確定しており，後に見る「そうだとしても」とは異なって，仮定を行っているのではない．⑧と同様に，話者の思考や判断は介入していない．「それでも」は，⑧の "even so" と同様に "Content Domain" に関わる接続表現であるといえる．類例として⑳をあげておく．
 ⑳ ベルが鳴った．誰かが階段をのぼって来る．判事がドアを開く．入ってきた男性に紹介されたが，その人は小児神経センターのターグ教授にほかならなかった．私の前で自信たっぷり，毅然として口もとには笑みを浮かべ，髪は短く切り，きちんとした服装をしている．白衣でもブリーフでもないことは確かだ．<u>それでも</u>すぐに彼だとわかった．判事はちょっと困ったようにしたが，慌ててターグ教授が来たわけを話し出した．（レイモンド・ジャン鷲見和佳子訳「読書する女」）

⑨に相当する日本語の文としては，㉑のようなものが考えられる．
 ⑨ It seems that Mary is having an affair with Mike. Even so, I love her.
 ㉑ 花子は，次郎と浮気しているらしい．そうだとしても，私は，彼女を愛している．
㉑の「そうだとしても」は，「「花子が次郎と浮気している」ということが事実だとしても」といった意味である．つまり，「そうだ」と仮定しているわけ

である．⑨と同様に，「話者の心的世界の中での関係づけ」が行われている．「そうだとしても」は，⑨の "even so" と同様に "Epistemic Domain" に関わる接続表現である．次の㉒が類例である．

㉒　第二次世界大戦末期に中学生だった私は，この戦争に負ければ日本は滅びると，人たちが言うのを常に聞いていた．そうだとしても世界の多くの国は残るだろう，とも思ったものだが，今度は世界中がひとしく，直接の核爆発で，あるいは間接に死の灰で，ほぼ同時に滅ぶのだ，と考えた．（読売新聞 12 月 3 日 1993 年）

㉑の「そうだとしても」は「それでも」と置き換えることかできる．

㉓　花子は，次郎と浮気しているらしい．それでも，私は，彼女を愛している．

しかしながら，㉑と㉓とでは意味が異なっている．「それでも」は，「そうだとしても」と違って仮定の意味は表さない．つまり，「話者の心的世界の中での関係づけ」を行わないからである．したがって，㉔㉕に見られるように，「そうだとしても」は「もし」あるいは「たとえ」といった要素と共起することができるが，「それでも」はできない．

㉔　花子は，次郎と浮気しているらしい．もし#それでも／そうだとしても，私は，彼女を愛している．

㉕　花子は，次郎と浮気しているらしい．たとえ#それでも／そうだとしても，私は，彼女を愛している．

⑩に相当する日本語の文としては，㉖のようなものが考えられよう．

⑩　A：We are sorry, but that cashier isn't used to her job.
　　B：Even so, she takes too much time, doesn't she?

㉖　A：申し訳ございません．あのレジ係は，まだ仕事に慣れていないのです．
　　B：それにしても，計算に時間がかかり過ぎるね．

㉖の「それにしても」は，「「仕事に慣れていない人は，ある程度手間取る」ということを認めるにしても」といった意味を表している．⑩と同様に話者の発話の観点あるいは態度といったものが表されているといえる．「それにして

も」は、⑩の"even so"と同様に"Speech Act Domain"に関わる接続表現である。発話行為レベルでの譲歩とでもいえようか。㉖において、「それにしても」を「それでも」あるいは「そうだとしても」と置き換えることはできない。

㉗　A：申し訳ございません。あのレジ係は、まだ仕事になれていないのです。
　　B：＃それでも／＃そうだとしても／それにしても、計算に時間がかかり過ぎるね。

「それにしても」の「それでも」および「そうだとしても」との互換性の無さは、㉘のように、先行する文に真偽判断が関わらない場合に、より明確な形で示されよう。

㉘　学生も国民年金に加入しなければならないが、＃それでも／＃そうだとしても／それにしても、月額10,500円は高いと思わないか？

以下に、接続表現「それにしても」の類例をあげておく。

㉙　今世紀は欺瞞に満ちた時代、いわば文明が偽装された時代である。むろん、あらゆる時代がその時代の欺瞞とよそおいを、偽装と虚偽をもってはいるわけだが、それにしてもこれほど欺瞞と偽装を大規模に実験し、またひとびとが信じた時代はなかったのではないか。（読売新聞12月8日1993年）

次の㉚では、「それにしても」が言語的な先行文脈なしに用いられている。

㉚　それにしても、よく降りますね。

本例においては、「それにしても」が"even so"で慣用的に用いられていると考えられる。関係する"Domain"が異なる「それでも」あるいは「そうだとしても」は、このような形で用いられることはない。

㉛　＃それでも／＃そうだとしても、よく降りますね。

また、"even so"は、"Speech Act Domain"で慣用化することはないようである。

㉜　＃ Even so, it rains a lot, doesn't it？

ここまでの議論で、"even so"に対応する日本語の接続表現、「それでも」「そうだとしても」「それにしても」がそれぞれ"Content Domain" "Epistemic

Domain" "Speech Act Domain" に関わるものであることが明らかになったことと思われる[1]．注目すべきは，英語においては，関係する "Domain" が異なっても同一の接続表現，"even so" が用いられるのに対して，日本語においては，関係する "Domain" の異なりに応じて接続表現の形式が分化するということである[2]．このことを表にして表すと以下のようになる．

| Content Domain | それでも | |
|---|---|---|
| Epistemic Domain | そうだとしても | even so |
| Speech Act Domain | それにしても | |

ただし，英語においても "Content Domain" に関わる "even so" と "Epistemic Domain" および "Speech Act Domain" に関わる "even so" は，区別されうる可能性がある．以下に見られるように，"Epistemic Domain" と "Speech Act Domain" の "even so" は "if so" と置き換えられうるのに対して，"Content Domain" の "even so" はそのような置き換えができないからである．

㉝　John is a bad drinker. Even so/ # If so, I like him.
㉞　It seems that Marry is having an affair with Mike. Even so/If so, I love her.
㉟　A：We are sorry, but that cashier isn't used to her job.
　　B：Even so/If so, she takes too much time, doesn't she?

英語では，関係する認知領域（Domain）が異なっても同一の言語形式が用いられるのに対して，日本語では関係する認知領域（Domain）の異なりに応じて言語形式が分化するという言語現象は，日英語の条件表現においても観察される．先に第3節で，英語の条件表現について，"Content Domain" における条件表現，"Epistemic Domain" における条件表現そして "Speech Act Domain" における条件表現が区別されるという Sweetser (1990) の分析を概観したが，日本語の条件表現について，益岡（1993）が「文の概念レベル」という考え方に基づいて基本的に同じ方向にある分析を行っている．

「文の概念レベル」とは，益岡（1993）によれば，文成立の基盤となる概念にいくつかの有意義な段階があるという考えに基づくものであり，「命名のレ

ベル」「現象のレベル」「判断のレベル」「表現・伝達のレベル」が区別されるという．「命名のレベル」では，「雨が降る」といった表現に見られるように，他の事態と区別されるある事態が一つの型として総称的に指し示され，「現象のレベル」では，「雨が降った」といった表現に見られるように，特定の時空間に実現する個別的な事態が指し示される．「判断のレベル」とは，事態のあり方（様相）に対する表現主体の判断が関わるレベルであり，「雨が降ったようだ」といった表現がこのレベルの表現である．最後に，「表現・伝達のレベル」とは，ある事態およびそれに対する判断を表現，伝達するという主体の発話行為が関わるレベルであり，「雨が降ったようだよ」といった表現がこのレベルの表現としてあげられる．「命名のレベル」と「現象のレベル」は，"Content Domain" に，「判断のレベル」は，"Epistemic Domain" に，「表現・伝達のレベル」は，"Speech Act Domain" にそれぞれ対応すると考えられる．

　益岡（1993）は，日本語の条件節の形式の分化（〜れば／〜たら／〜なら）が先に見た文の概念レベルを投影するものであるとしている．すなわち，「ちりも積もれば山となる」といった文に見られる「〜れば」の形式の条件表現は，時空間を超えて成り立つ一般的な因果関係の前件を表す命名レベルの条件表現であり，「今度ここに来たら，夢風船に乗ろう」といった文に見られる「〜たら」の形式の条件表現は，時空間に実現する特定の事態を表す現象レベルにおける条件表現であり，さらに，「車の免許を取りたいなら，覚悟を決めなさい」といった文に見られる「〜なら」の形式の条件表現は，ある事態を真であると仮定して提示する判断レベルにおける条件表現であるということである．Sweetser よる英語の条件表現についての分析では，"Domain"（益岡の「文の概念レベル」）の違いに関わりなく同一の言語形式が用いられるのに対して，日本語では，「文の概念レベル」あるいは "Domain" の違いに応じて言語形式が分化しているのである．

## 5. おわりに

　接続表現 "even so" の意味・機能を考察した結果，同接続表現が Sweetser (1990) の "Content Domain" における "even so", "Epistemic Domain" における "even so", そして "Speech Act Domain" における "even so" に区別されうることが明らかになった.

　対応する日本語の接続表現について見てみると，"Content Domain" では「それでも」が用いられ，"Epistemic Domain" では「そうだとしても」が用いられ，さらに，"Speech Act Domain" では「それにしても」が用いられる.

　英語においては，"Domain" が異なっても同一の接続表現が用いられるのに対して，日本語においては，"Domain" の異なりに応じて接続表現の形式が分化する. ただし，英語においても "if so" との置き換えが可能か否かによって，"Content Domain" の "even so" と "Epistemic Domain" および "Speech Act Domain" の "even so" を区別できるかもしれない.

注
1) 「それでも」「そうだとしても」「それにしても」のそれぞれに対して，指示表現を持たない「でも」「だとしても」「にしても」という言語形式も存在する.「にしても」は，一般的ではないが以下のような例があるにはある.
　　(a) よく日本人は日本のことを，ぬるま湯的で過保護で安全と水はタダで…と自己批判する.（中略）町をあたかも自分の庭先のように油断して歩ける日本で，僕はおじぎとラーメンと納豆と温泉を心ゆくまで味わうのである. <u>にしても</u>，日本のこのぬるま湯気分というものは，一体何なのだろう？（読売新聞 12 月 10 日 1993 年）
2) ⑲, ㉑, ㉖の「それでも」「そうだとしても」「それにしても」は，「でも」で置き換えられそうである. そうだとすると，「でも」は "even so" と同様に 3 つの認知領域にまたがる接続表現であるといえるかもしれない. また，「でも」は以下に見られるように「それでも」「そうだとしても」「それにしても」と共起しうる.
　　(b) 太郎は，酒癖が悪い. でも，それでも私は彼が好きだ.

(c) 花子は，次郎と浮気しているらしい．でも，そうだとしても，私は彼女を愛している．
(d) A：申し訳ございません．あのレジ係は，まだ仕事に慣れていないのです．
　　B：でも，それにしても計算に時間がかかり過ぎるね．

このような例を「が，しかし」のように接続表現が共起したものとみなすべきか，それとも別の見方をすべきかは判然としない．

# 第2章
# 理由を表す now that 節をめぐって

1. はじめに

　主節との因果関係を表す言語形式には，"because" "since" "as" 等があるが，以下にあげる "now that 〜" もこれに含まれる．
　① *Now that* the class is over, we can play outside.
　同文は，②のように書き換えても，その意味するところは，ほぼ同じである．
　② *Because/since* the class is over, we can play outside.
　しかしながら，このような書き換えが常に可能なわけではない．"Because" および "since" を用いた③は自然な文であるが，"now that" を用いた④は非文である．
　③ *Because/since* his wife is Japanese, John can speak Japanese well.
　④ # *Now that* his wife is Japanese, John can speak Japanese well.
　理由を表す "now that" について，Quirk *et al.*（1985:1084）には以下のような記述が見られ，⑤⑥の例文があげられている．
　　"*Now that* combines reason with temporal meaning, in present or past time. It may be used to indicate simultaneity."
　⑤ We are happy *now that* everybody is present.
　⑥ *Now that* she could drive, she felt independent.
　また，小西編（1989:1240）では，同要素について「now(that) で that 節を従えて接続詞的に用いられる．理由を表すとともに時間の前後関係あるいは同

時性が含意される．過去時でも用いられる．」といった説明があり，⑦の例文があげられている．

⑦　*Now that* the weather has improved, we'll be able to enjoy the game.（天気になったのでゲームができるだろう）

さらに，『ジーニアス英和辞典』は，同要素は「過去時制にも用いられるが，主節と従属節の時制が異なる場合は不可」として，この事実を例文⑧⑨で示している．

⑧　*Since/ now* that his father was dead, he owned the store.

⑨　*Since/ #　now* that you told me to come. I am here.

本章の目標は，このような理由を表す "now that" 節の統語的および意味的特徴を明らかにすることである．次の第2節においては，"now that" 節の統語的特徴を考察し，続く第3節で，同節が表す事態の特徴を考える．第4節では，"now that" 節が表す主節との因果関係の多様性を Sweetser（1990）が提唱する「認知領域」の概念との関連で議論する．第5節においては，第3節での議論を踏まえたうえで，"now that" 節の用法の拡張について見ていく．第6節は，まとめである．


2. "Now that" 節の統語的特徴

"Now that" 節の統語的な振る舞いを観察してみると，同要素が Quirk *et al.*（1985）のいうところの離接詞であることが分かる．以下にあげる "because" 節と "since" 節の例は，Quirk *et al.*（1985:1071）より取った．

まず，付接詞であるところの "because" 節は，疑問および否定の焦点になれるが，"now that" 節は，"since" 節と同様に，疑問や否定の焦点にはなれない．

⑩　＃ Are you happy *now that* everybody is present or now that dinner is ready?

⑪　Does he like them *because* they are always helpful or because they never complain?

⑫　# Does he like them *since* they are always helpful or since they never complain?
⑬　# We aren't happy *now that* everybody is present but now that dinner is ready.
⑭　He doesn't like them *because* they are always helpful but because they never complain.
⑮　# He doesn't like them *since* they are always helpful but since they never complain.

次に，"because" 節は，焦点化を行う "only"，"just"，"simply"，"mainly" といった副詞によって修飾されうるが，"now that" 節は，"since" 節とともに，そのような要素による修飾は不可能である．

⑯　# We are happy only/just/simply/mainly *now that* everybody is present.
⑰　He likes them only/just/simply/mainly *because* they are always helpful.
⑱　# He likes them only/just/simply/mainly *since* they are always helpful.

さらに，"because" 節は，Wh 疑問文に対する答えになりうるが，"now that" 節および "since" 節はなりえない．

⑲　# Why are you happy? *Now that* everybody is present.
⑳　Why does he like them? *Because* they are always helpful.
㉑　# Why does he like them? *Since* they are always helpful.

最後に，"because" 節は，分裂文の焦点の位置に現れうるのに対して，"now that" 節および "since" 節は同構文の焦点の位置に現れることができない．

㉒　# It is *now that* everybody is present that we are happy.
㉓　It is *because* they are always helpful that he likes them.
㉔　# It is *since* they are always helpful that he likes them.

以上，理由を表す "now that" 節が統語的には離接詞であることを見た．

## 3. "Now that" 節が表す事態の特徴

先に第1節で見た先行研究でも指摘されていたように, "now that" 節は, 理由を表すとともに時の前後関係や同時性を含意する. このことをもう少し詳細に検討してみよう. 次例を見られたい.

㉕　*Now that* the weather has improved, we'll be able to enjoy the game.（=⑦）

㉖　# *Now that* everybody likes baseball, we'll be able to enjoy the game.

"Now that" 節が状態を表す場合には, 文全体の文法性が失われる. このことは, ㉕の従属節の述語を否定した㉗が容認されないことからも明らかである. 述語が否定されることによって状態性を帯びるのである. "Because" 節や "since" 節は, もちろんこのような制約とは無縁である.

㉗　# *Now that* the weather hasn't improved yet, we will not be able to enjoy the game.

㉘　*Because/since* the weather has improved, we'll be able to enjoy the game.

㉙　*Because/since* the weather hasn't improved yet, we will not be able to enjoy the game.

以下の諸例についても, 同様の議論があてはまる.

㉚　*Now that* she could drive, she felt independent.（=⑥）

㉛　*Because/since* she could drive, she felt independent.

㉜　? *Now that* she could not drive, she felt dependent.

㉝　*Because/since* she could not drive, she felt dependent.

述語が否定されることによって状態性を帯びるという現象は, 次の㉞㉟にも観察される.

㉞　He showed up before/ # *until* she left.

㉟　He didn't show up # *before/until* she left.

一般に，動作の完了が表されている場合には “before” が，状態の継続が表されている場合には “until” が用いられるとされているが，㉟では，述語が否定されることによって状態性を帯び，“until” との共起が可能になったと考えられる．

ここまでの議論から，“now that X, Y” において，“X” が状態を表す場合には不自然な表現となる．つまり，“X” は，境界のない均質な連続体であってはならない．さらに言えば，“X” は，新たな状況の出現を表すようなものでなければならないのである．先に第1節で見た①⑤⑧では，状態性述語 “be over”, “be present”, ”be dead” が現れてはいるが，その意味するところは，「授業が終わっている」のではなく「授業が終わった」のであり，「全員が出席している」のではなく「全員が揃った」のであり，さらに「父親が死んでいた」のではなく「父親が死んだ」ということなのである．つまり，新たな状況の出現を表しているのである．用例の検討を続けよう．

㊱　? *Now that* I knew the answer, I raised my hand.
（答えを知っていたので，手をあげた）

本例は，このままでは不自然であるが，“suddenly” のような副詞を補ってやると，新たな状況の出現が表され自然な文となる．

㊲　*Now that* I suddenly knew the answer, I raised my hand.
（不意に答えがわかったので，手をあげた）

さらに，次例を見られたい．

㊳　# *Now that* the tree touched the house for years, we were annoyed.

先の㊱と同様に，本例についても，“suddenly” のような副詞を共起させることで自然な文が得られる．

㊴　*Now that* the tree touched the house suddenly, we were annoyed.

以上，本節では，“now that” 節の意味的な特徴を考察し，“now that X, Y” において “X” は境界を持たない均質な連続体であってはならず，新たな状況の出現を表すようなものでなければならないことを見た．

## 4. "Now that" の接続機能の多様性

これまで見てきたように，"now that" 節は，主節との因果関係とともに時の前後関係あるいは同時性を表すのであるが，類似の機能が "as soon as" や "after" に導かれた節や "when" 節にも認められる．Quirk *et al.* (1985:532) によれば，㊵㊷は意味的にはそれぞれ㊶㊸と等価である．

㊵ *As soon as* the light went off, he sounded the alarm.

㊶ *Because* the light went off, he immediately sounded the alarm.

㊷ *When* the light didn't go off, he sounded the alarm.

㊸ *Because* the light didn't go off, he immediately sounded the alarm.

また，Traugott and Hopper (1993:74) は，㊹のような例について，時の前後関係を表しているともとれるし，㊺のように解釈することもできるとしている．

㊹ *After* we read your novel we felt greatly inspired.

㊺ *Because* we read your novel we felt greatly inspired.

しかしながら，"now that" 節の場合とは異なり，"as soon as"，"when"，"after" 等に導かれた節が理由を表すのは，あくまでも二次的な機能である．次例が示すように，これらの要素は，主節との因果関係が認められない場合にも使われるが，"now that" 節の使用は不自然なものとなる．

㊻ *As soon as/when/after* the light went off, a stranger came in.

㊼ ? *Now that* the light went off, a stranger came in.

㊽ *Now that* the light went off, he immediately sounded the alarm.

"Now that" と "as soon as"，"when"，"after" 等の因果関係表示機能の異なりは，その多様性の異なりにも見て取れる．このことを Sweetser (1990) の認知領域との関連で見ていこう．Sweetser (1990) は，現実世界の領域 (Content Domain) と認識的領域 (Epistemic Domain) および発話行為の領域 (Speech Act Domain) を設定し，領域間の関係は，認知的に基礎づけられるとしている．これを図示すると，次頁のようになる．

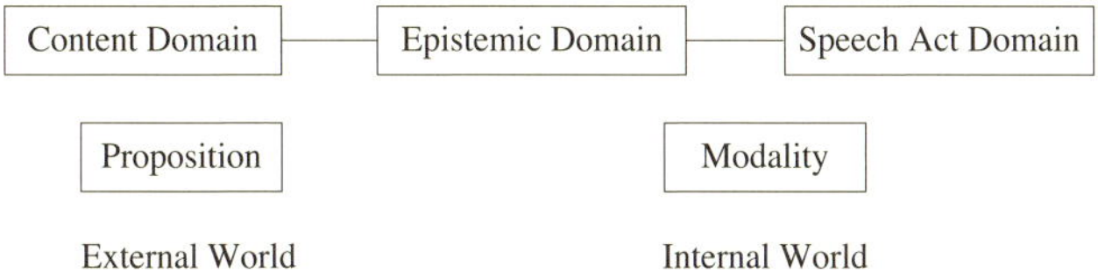
Content Domain
Epistemic Domain
Speech Act Domain
Proposition
Modality
External World
Internal World

このような領域間の関係については，具体的な領域が抽象的な領域に関係づけられるとしている．これに類した考え方は，Halliday and Hasan（1976）の “External Plain/Internal Plain”，Traugott（1989）の “Semantic Change”，van Dijk（1979）の “Pragmatic Connectives” 等にも見られる．

Sweetser（1990）は，このような考え方に基づいて英語の知覚動詞やモダリティ等を分析しているが，ここでは，本章の議論との関連で興味深いと思われる因果関係についての分析を取り上げる．Sweetser（1990:76-82）は，英語の因果関係の表現に上で見た３つの領域の区別が関係するとして，“Content Domain” における因果関係，“Epistemic Domain” における因果関係，“Speech Act Domain” における因果関係を区別している．“Content Domain” における因果関係とは，従属節で表される出来事・事態が，現実世界において，主節で表される出来事・事態の原因・理由となるもので，話者の思考や判断は介入しない．㊾㊿のような文がその例である．

㊾　John came back *because* he loved her.

㊿　*Since* John wasn't there, we decided to leave a note for him.

“Epistemic Domain” における因果関係とは，以下の(51)(52)に見られるように，従属節が主節で表される結論を導くための根拠となっているものであり，ここでは，話者の心的世界の中での関係づけが行われている．

(51)　John loved her, *because* he came back.

(52)　*Since* John isn't here, he has (evidently) gone home.

“Speech Act Domain” における因果関係とは，主節で特定の発話行為を行うための何らかの理由が従属節で表されるもので，話者の発話の観点や態度が表される．(53)(54)のような文がその例である．

(53)　What are you doing tonight, *because* there's a good movie on.

㊄ Since we're on the subject, *when* was George Washington born?

以上，因果関係の表現に関する Sweetser の分析を概観したが，本章での考察の対象としている "now that" 節も上で見た3つの認知領域において機能しうる．まず，"Content Domain" の "now that" 節から見てみよう．本節で取り上げた㊽がこれにあたる．「明かりが消えたこと」と「彼がすぐに警報装置を鳴らしたこと」が現実世界において因果関係で結び付けられているのである．類例として以下に㊽をあげておく．

㊄ So far, Patten's tousled toughness has produced only defiance from Beijing. Sino-British talks on his democratic reforms broke off after 17 rounds, and relations have soured further *now that* Patten has asked Hong Kong's legislature to enact some minor changes for this year's elections without China's assent. (*Newsweek*, Jan. 17th, 1994)

"Epistemic Domain" の "now that" 節とは，㊤のようなものである．

㊤ *Now that* almost half, or maybe more, of North American college students are female, the use of the word "coed" to mean female college student seems anachronistic. (*Mainichi Weekly*, Dec.25th, 1993)

「北アメリカの大学生の半数近くを女性が占めるようになったこと」を根拠に「「共学」という言葉で女子大生を表すことが時代遅れである」という判断を下している．次の㊼が類例である．

㊼ When I was somewhat younger, in my early 20s, I too thought that one day I would like to take on such a big project, but *now that* I find myself in my 40s, I wonder if I would be able to find the energy. (*Mainichi Weekly*, Jan.21st, 1994)

"Speech Act Domain" の "now that" 節としては，㊽のようなものがこれに相当すると考えられる．

㊽ A : Sorry I've kept you waiting.
　　B : *Now that* you're here, let's have a toast.

主節の発話行為を行うための理由が "now that" 節で表されているのがわかる．次の(59)についても同様である．

(59) *Now that* we are all seated, let's begin.

このように，"now that" の因果関係表示機能は，3つの認知領域にわたる多様なものであるが，"as soon as", "when", "after" 等が表す因果関係は，"Content Domain" に限定されている．先に㊵㊷㊹で見たように，これらの要素は，"Content Domain" における因果関係を表すことはできるが，その他の認知領域において同様の機能を果すことはできない．例えば，次例が示すように，同要素は，"Epistemic Domain" における因果関係を表すことはない．

(60) ? *As soon as/when/after* the light went off, someone apparently broke it down.

同例については，少なくとも，従属節の部分が主節で表されている判断を導く根拠となっているといった解釈は与えられない．

以上，本節では，"now that" の因果関係表示機能が3つの認知領域にまたがる多様なものであるということを "as soon as", "when", "after" 等と比較しながら見た．

## 5. "Now that" 節の用法の拡張

先に第3節で，「"now that X, Y" において "X" は境界を持たない均質な連続体であってはならず，新たな状況の出現を表すようなものでなければならない」ということを見たのであるが，実例の中には，同要素がこのような制約に違反する形で使われているものが観察される．本節では，こういった例を "now that" 節の用法の拡張ととらえて検討していく．まず次例を見られたい．

(61) This is particularly odd *now that* it is becoming clear that the same kind of configurational relations apply not just to government but also to subcategarization, theta-marking, agreement, anaphor binding, NP and WH movement, obligatory control, predication

and gapping. (Hudson (1990))

本例の "now that" 節には，進行形が現れており，それが表す事態が境界を持たない均質な連続体となっているが，「次第に明らかになっている」というふうに，新たな状況の出現が表されてはいる．

⑫　——Do you feel any attachment to China? Where do you find your identity?

That isn't a problem for me. I think I am very Chinese. China is something that makes me emotional. In that sense China is in my blood. But I also feel international. I haven't been cut off from China, either. I go there often *now that* I am writing a book about Mao Tse-tung. And I see my mother all the time. (*Mainichi Weekly*, June 4th, 1994)

本例においては，"now that" 節に進行形が現れ，⑪とは違って，新たな状況の出現が表されているとは考えにくい．これまでに観察してきた "now that" 節の用例とは異なったものと言えよう．次の⑬についても同様である．

⑬　Since I've visited and lived in several countries, my students ask me which one I've found the best. "None of them," I reply. I love the American way of life, but violence there scares the hell out of me; I enjoy the friendliness of Latin people, but I feel insecure in South American countries; I'm happy with my work in Japan, but social life here bores me to death. *Now that* I've been living in Japan for 20 years, I tell my students that I'm still here because I'm an orderly man and Japanese organization suits me. (*Mainichi Weekly*, June 3rd, 1995)

さらに，次例を見られたい．

⑭　As part of his mission to encourage U.S. investment in South Africa *now that* sanctions have been lifted, U.S. Commerce Secretary Ron Brown urged the black business community there "to be fully involved" in the post-apartheid economy. (*Newsweek*, Dec.

13th, 1993)

　本例では，"now that"節では現在完了が用いられ，主節では過去時制が用いられている．すなわち，時間の前後関係も同時性も表されていない．

　このような用例がどの程度の割合で観察されるのかは，さらに多くのデータを検討しなければならないが，"now that X, Y"において，"X"が表す事態のタイプに関係なく使われる方向に，"now that"節の用法が拡張している可能性があるように思われる．


## 6. おわりに

　理由を表す"now that"節の意味的および統語的特徴を考察した結果，次の諸点が明らかになった．
① "Now that"節は，統語的にはQuirk *et al.*(1985)のいうところの離接詞である．
② "Now that X, Y"において，"X"は境界を持たない均質な連続体であってはならず，新たな状況の出現を表すようなものでなければならないが，このような制約に関係なく，つまり，"X"が表す事態のタイプに縛られることなく使用される方向に，同要素の用法が拡張している可能性がある．
③ "Now that"節は，因果関係とともに時の前後関係あるいは同時性を表す他の言語形式，"as soon as"節，"when"節，"after"節等と異なって多様な因果関係表示機能を示し，3つの認知領域すべてで機能しうる．

# 第3章

# コンピュータ・コーパスを利用した now (that) 節の分析

## 1. はじめに

　主節との因果関係を表す代表的な言語形式には because, since, as 等があるが，時の前後関係あるいは同時性を表す as soon as や after に導かれた節や when 節も類似の機能を果たすことがある。Quirk, *et al.*(1985:532) によれば，①②は意味的にはそれぞれ②④と等価とのことである．

　① *As soon as* the light went off, he sounded the alarm.
　② *Because* the light went off, he immediately sounded the alarm.
　③ *When* the light didn't go off, he sounded the alarm.
　④ *Because* the light didn't go off, he immediately sounded the alarm.

さらに，⑤のような例について，Hopper and Traugott (1993:74) は，時の前後関係を表しているともとれるし，⑥のように解釈することも可能であるとしている．

　⑤ *After* we read your novel we felt greatly inspired.
　⑥ *Because* we read your novel we felt greatly inspired.

主節との因果関係とともに時の前後関係や同時性を表すといった機能は以下に挙げる now(that) 節にも認められる．

　⑦ *Now that* the class is over, we can play outside.

同文は，⑧のように書き換えても，その意味するところは，ほぼ同じである．

　⑧ *Because* the class is over, we can play outside.

小西編（1989:1240）には，同要素について「now(that)でthat節を従えて接続詞的に用いられる．理由を表すとともに時間の前後関係あるいは同時性が含意される．過去時でも用いられる」といった説明が見られる．

伊藤（1995）では，このようなnow(that)節の統語的および意味的特徴について考察した．本章の目的は，伊藤（1995）で行ったnow(that)節についての議論をコンピュータ・コーパスで得られた資料にもとづいて補強あるいは修正することである．まず，第2節において，英語語法研究に適した主なコンピュータ・コーパスを紹介し，併せて，本章で利用したコーパス，およびそこから得たnow(that)節のデータの概観を述べる．第3節ではnow(that)節の統語的特徴と意味的特徴を関連づけて考察する．そして，第4節はnow(that)節とテンス・アスペクト，第5節はnow(that)節の生起位置とSweetser（1990）の3認知領域，第6節はnow(that)節の用法の拡張，第7節はnow(that)節の内部構造についてである．第8節はまとめである．

## 2. 本章で利用したコーパスについて

近年，コンピュータ・コーパス（機械可読テキストの集積）を利用した英語語法研究がさまざまな形で行われるようになってきているが，必要なデータを大量にしかも瞬時に抽出できる便利さ，能率の良さには目を見張るものがある．例えば，Bank of Englishは，1991年にCOBUILD（Harper Collins Publishersの1部門）とUniversity of Birminghamが始めたプロジェクトであるが，1996年6月18日現在で実に3億2,000万語のデータベースを誇っている（さらに毎月500万語のペースで追加されている）．書き言葉（新聞，雑誌，フィクション，ノンフィクション，小冊子，ちらし広告，報告書，私信などから取ったもの）だけでなく話し言葉（日常生活における気の置けない会話，ラジオ放送，会議，インタビュー，討論などを文字化したもの）のデータも多く含まれており，そのほとんどが1990年以降のものである．1994年からインターネット上でデータベースに直接アクセスし，希望の単語の例文や

コロケーション，頻度などの統計資料がパソコン端末で引き出せるようになった．インターネットにアクセスできない人にも，電子メールやハードコピーによって希望の情報を送ってもらえるようなサービスも開始されている（ただし，Bank of English からデータを得るのはすべて有料で，申込み手続きも必要）．

　他に，世界で最初の大規模な英語コーパスである Brown Corpus（正式名称は The Brown University Standard Corpus of Present-Day American English で 1961 年米国で刊行された 15 のジャンルの出版物から無作為抽出された約 100 万語からなる言語資料，CD-ROM も出ている）や Brown Corpus の英国英語版である LOB Corpus（Lancaster-Oslo-Bergen Corpus of British English，1961 年英国で刊行の 15 のジャンルの出版物から無作為抽出された約 100 万語からなる言語資料，CD-ROM あり），そして，London-Lund Corpus of Spoken English（1979 年完成，英国英語 50 万語，自然な私的会話から演説，説教，講義までカバーしている）などが主要なコンピュータ・コーパスとして挙げられる．また，*Collins COBUILD* CD-ROM 版や *OED* 第 2 版 CD-ROM 版（*OED2-CD*）など，各種 CD-ROM を利用する方法もある．もちろん，OCR（Optical Character Reader，光学文字読み取り装置）を用いるなどして自作のコーパスを作成することもできる．

　本章では，インターネット上で誰でも手軽に利用できる（申込手続や利用料の振込等は不要）University of Michigan の humanities Text Initiative にあるコーパスの 1 つ，Public Domain Modern English Search を使った[1]。1996 年 8 月現在で約 100MB になる英米のテキスト（文学作品が多い）の集積である．1900 年前後の作品が主であるので本章のような語法研究において不都合がないわけでもないが，特に除外すべき使用例は見つからなかったので，now(that) 節に限っていえば問題はないと見なした．

　文学作品からデータを得る利点は，地の文も会話文も区別なく分析の対象とすることによって書き言葉と話し言葉のデータが同時に手に入ることである．特に会話文についていえば，言い間違いなどを排除でき，ある程度均質なデータを得ることができることも利点の 1 つである．

　データは now that の and 検索で 1,150 個の now that を得たが，副詞の

now に続いて指示詞や補文標識の that の現れる例など，このうちの多くが now(that) 節ではなかった．データに最初から１つ１つ目を通し，now(that) 節を 217 例拾い，本章のデータベースとした[2]．口語では that は省略されることが多いが，now で検索すると実に 29,799 語にも及ぶ膨大な量が適合したため，now での検索は第 7 節の now(that) 節の内部構造の考察のために 150 例ほどサンプル検索をしたに留めた．わずか 3 例が now(that) 節の that の省略されたものであったが，これらも本章のデータベースに加え，最終的にデータの総数を 220 とした．

用例は文単位ではなく，ある程度談話としてまとまった形で出てくるが，さらに広く前後の文脈情報を得たい場合は画面上の［More］をクリックすると送られてくる仕組みになっている．

収集した 220 の用例について，文中での now(that) 節の生起位置を調べた．結果は，⑨の通りである．文 A と文 B が等位接続されて重文を成し，A または B（また双方）が now(that) 節を含む場合などの生起位置の判定は，あくまでも A，B の中でどこに生起するかによった[3]．

⑨　now(that) 節の生起位置
　　文頭：116　　挿入：15　　文末：89

それぞれの例を 1 例ずつ挙げておく．

⑩　"I beg your pardon," I replied. But I loved Catherine too; and her brother requires attendance, which, for her sake, I shall supply. *Now that* she's dead, I see her in Hindley. (Wuthering Heights)

⑪　She is devoting herself earnestly to the work she has chosen, and is succeeding admirably. I declare to you that I yield Miss Frost higher respect *now that* she is a plain country school teacher than when she was asocial leader. (*A Fancy of Hers*)

⑫　Among her manuscript papers I found this sketch, which has a peculiar significance *now that* the writer has passed away. (Elizabeth Sara Sheppard)

次に now(that) 節と主節の時制について見てみると，⑬のようになっている．

⑬　now(that) 節と主節の時制

| now(that) 節 | 主　節 |  | now(that) 節 | 主　節 |  |
|---|---|---|---|---|---|
| 過　　　　去 | 過　　　　去 | 66 | 過　去　完　了 | 過　去　完　了 | 2 |
| 現　　　　在 | 現　　　　在 | 55 | 現　　　　在 | 仮　定　法　過　去 | 2 |
| 現　在　完　了 | 未　　　　来 | 31 | 過　　　　去 | 過　去　完　了 | 2 |
| 過　去　完　了 | 過　　　　去 | 21 | 現在＋現在完了 | 未　　　　来 | 1 |
| 現　　　　在 | 未　　　　来 | 9 | 現在＋過去完了 | 過　　　　去 | 1 |
| 現　　　　在 | 過　　　　去 | 4 | 過　　　　去 | 仮定法過去完了 | 1 |
| 現　在　完　了 | 仮　定　法　過　去 | 3 | 現　在　進　行　形 | 未　　　　来 | 1 |
| 現　在　完　了 | 未　　　　来 | 3 | 現　在　進　行　形 | 現　在　完　了 | 1 |
| 現　在　完　了 | 現　在　完　了 | 3 | 現　在　進　行　形 | 仮　定　法　過　去 | 1 |
| 過　去　進　行　形 | 過　　　　去 | 3 | 過　　　　去 | 未　　　　来 | 1 |
| 過　　　　去 | 現　　　　在 | 2 | 現　　　　在 | 現　在　完　了 | 1 |
| 過　　　　去 | 現　　　　在 | 2 |  |  |  |

『ジーニアス英和辞典』は，⑭⑮のような例を挙げて，now(that) 節は「過去時制にも用いられるが，主節と従属節の時制が異なる場合は不可」としているが，必ずしもそうとは限らないようである．

⑭　Since/now that his father was dead, he owned the store.

⑮　Since/ # now that you told me to come, I am here.

now(that) 節が現在時制で主節が過去時制である例については，同時性や時の前後関係が表されていないように思われるが，この点に関しては，第4節で詳しく述べる．


3. now(that) 節の統語的特徴と意味的特徴

伊藤（1995）で now(that) 節は統語的には離接詞（disjunct）であるとした．その根拠として，now(that) 節が①疑問や否定の焦点になれないこと（用例⑯⑰），②焦点化の副詞（only, just, simply, mainly など）によって修飾されえないこと（用例⑱），③ wh 疑問文の答えになりえないこと（用例⑲），④分裂文

の焦点の位置に現れえないこと（用例⑳）を挙げた．

⑯　# Are you happy *now that* everybody is present or *now that* dinner is ready?

⑰　# We aren't happy *now that* everybody is present but *now that* dinner is ready.

⑱　# We are happy only/just/simply/mainly *now that* everybody is present.

⑲　# "Why are you happy？" "*Now that* every body is present."

⑳　# It is *now that* everybody is present that we are happy.

本節では離接詞としての now(that) 節の統語的特徴と意味的特徴について，伊藤（1995）を補足する形で議論を進めていく．また，now(that) 節がまれに付接詞（adjunct）のような振る舞いをすることがあることも報告する．

まず，now(that) 節がどんな離接詞であるか，その意味的な特徴について考察する．Quirk, et al.（1985: 1072-74）によると，離接詞には「内容の離接詞」（content disjunct）と「表現様式の離接詞」（style disjunct）があるが，now(that) 節はこれら双方の離接詞として機能するようである．「内容の離接詞」と「表現様式の離接詞」は統語的には同じ振る舞いをし，例えば，上記①②③④の統語的特徴を等しくもつ．2つの差異は専ら意味的なものであり，「内容の離接詞」は，主節の内容について説明を加えるのに対して，「表現様式の離接詞」は発話行為の付帯状況について言及する．また，「表現様式の離接詞」には，主節に「話す」ことを意味または暗示する動詞が必ず伴い，1人称が主語となる．そして，「内容の離接詞」に比べて，「表現様式の離接詞」は主節に対してより周辺的であるということができる．

次例㉑㉒は「内容の離接詞」，㉓〜㉘は「表現様式の離接詞」として機能している now(that) 節である．いずれもコーパスから取った．

㉑　It didn't matter so much when you were a little girl, but *now* you are so tall, and turn up your hair, you should remember that you are a young lady. (*Little Women*)

㉒　I'm the man of the family *now* Papa is away. (*Little Women*)

㉓ "Caught cold, Watson?" said he. "No, it's this poisonous atmosphere. "I suppose it is pretty thick, *now that* you mention it." "Thick! It is intolerable." (*The Hound of the Baskervilles*)

㉔ "And now that you have explained it, I confess that I am as amazed as before." (*The Memoirs of Sherlock Holmes*)

㉕ "I only speak at all because I love you. Your common-sense should tell you that I speak with reluctance. But *now that* I have spoken, let me beg of you for your father's sake, for your dead mother's sake, for my sake..." (*The Foolish Virgin*)

㉖ "Yet *now that* I am more helpless than ever you go away!" (*Far from the Madding Crowd*)

㉗ ...so I put two and two together and decided I would follow them up. and..." "Yes, and now," interrupted Miss Carson, sharply—"and *now that* you have followed them up, what do you mean to do?" (*The King's Jackal*)

㉘ "What effect do you think it will have upon his plans *now that* he knows you are here?" (*The Hound of the Baskervilles*)

本章のデータを観察する限りでは,「表現様式の離接詞」として機能している now(that) 節は, 主節に, ㉓㉔のように1人称の主語を取り「話す」ことを意味または暗示する動詞を取るか, または, ㉕㉖のように命令文を取るか, ㉗㉘のように疑問文を取るようである. 主節に命令文や疑問文を取るケースについては, その前に1人称の主語と発話動詞が, 表層には現れていないが, 存在すると考えるのが妥当であろう. 例えば, ㉖については次の㉙のような構造を考えるのである. 他の例についても同様である.

㉙ "Yet *now that* I am more helpless than ever (I say) you go away!"

伊藤 (1995) で, now(that) 節の「因果関係表示機能」は Sweetser (1990) のいう3つの認知領域 ——「現実世界の領域」(Content Domain),「認識的領域」(Epistemic Domain),「発話行為の領域」(Speech Act Domain) —— すべてにおいて機能するものであることを述べたが, この3領域と上述の2種類の離

接詞を関連づけると，㉚に示した図のようになる．すなわち，「内容の離接詞」として使われたnow(that)節は「現実世界の領域」および「認識的領域」における因果関係を表示し，「表現様式の離接詞」として使われたnow(that)節は「発話行為の領域」において機能する．now(that)節が3認知領域でどのように機能しているか，その具体例については第5節で考察する．

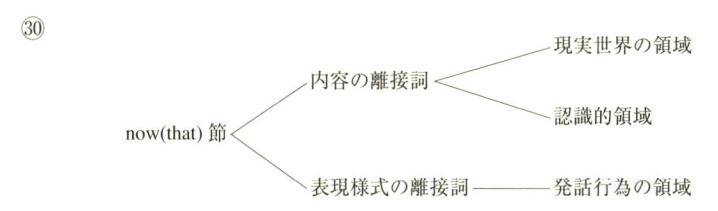

㉚
```
                    ┌─── 現実世界の領域
         ┌ 内容の離接詞 ─┤
         │              └─── 認識的領域
now(that)節 ─┤
         │
         └ 表現様式の離接詞 ─────── 発話行為の領域
```

ところで，離接詞のnow(that)節が上記①②③④の統語的特徴を持つことから，now(that)節は「旧情報」を理由として提示する節であるということがいえる．「旧情報」を提示する節は文の「前提」となるだけで，「焦点」にはなれないし，「新情報」を明示する焦点化副詞とは相容れないし，分裂文の焦点にも当然なりえないからである．

また，Wh疑問文は知りたい情報を相手から引き出すための問いの文であるから，求められているのは「新情報」である．この点からも，Wh疑問文の答えになりえないnow(that)節が「旧情報」を表示する節であることが分かる[4]．

now(that)節が「旧情報」を，主節が「新情報」を表示することと，now(that)節が機能するSweetser (1990) の3認知領域との関係から，接続詞now(that)は，now(that)節中の「旧情報」と主節の「新情報」の客観的な因果関係を規定したり，主観的な推論関係を規定したり，主節の発話行為に対しての主観的理由づけを合図したりする，という仮説を立てることができる．この仮説をもとに，データ中の全用例220についてnow(that)節が旧情報を表示し，主節が新情報を提示しているかどうかを検証した結果，どの用例についても，その程度の差こそあれ（明示的に，あるいは暗示的に）仮説が当てはまることが分かった．例を2つここに挙げる．

㉛　The boys, in particular, had their curiosity excited to see her and judge for themselves. *Now that* they saw her they fully coincided with Ben's opinion. (*A Fancy of Hers*)

㉜ "You insist on my posting this letter, Sir Percival?" said Miss Halconibe. "I beg you will post it," he answered. "And *now that* it is written and sealed up, allow me to ask one or two last questions about the unhappy woman to whom it refers. (*The Woman in White*)

㉛では，先行文中の see her が，直後に続く now(that) 節中で saw her として現れていることから，now(that) 節が明らかに旧情報を表示していることが分かる．一方，㉜では，明示的に同一表現によって now(that) 節に導かれる命題が旧情報であることが表されているわけではないが，人に投函せよと頼むからには，手紙は当然書き上げられて封をされているのであるから，now(that) 節に述べられている事柄はやはり旧情報である．

ところで，上に挙げた①②③④の離接詞の統語的特徴から逸脱した例，すなわち，付接詞として機能していると思われる now(that) 節がまれにではあるが存在する．全 220 例中，僅か 2 例がこういった now(that) 節であったが，コーパス外からの例㉝も含めてここに紹介する．㉝～㉟では，now(that) 節は焦点化を行う副詞 especially, even によって修飾されている．

㉝ Kuo wants recognition − especially *now that* the song is featured in Olympics commercials worldwide. (*TIME, July* 15, 1996)

㉞ Jude's former wife had maintained a stereotyped manner of strict good breeding even *now that* Sue was gone, and limited her stay to a number of minutes that should accord with the highest respectability. (*Jude the Obscure*)

㉟ ...fierce, black-bearded fellows, with skins the color of a ripe lemon. "The yellow men of Barsoom!" ejaculated Thuvan Dihn, as though even *now that* he saw them he found it scarce possible to believe that the very race we expected to find hidden in this remote and... (*The Warlord of Mars*)

## 4. now(that)節とテンス・アスペクト

先に第2節で now(that) 節が現在時制で主節が過去時制である例が存在することを指摘した．以下に4例をすべて挙げておく．

㊱ "Possibly you observed whether it was a broad-leafed paper or of that smaller type which one associates with weeklies." "*Now that* you mention it, it was not large. It might have been the Spectator." (*The Casebook of Sherlock Holmes*)

㊲ That seems very suggestive. Had you any indication that food was conveyed from the one house to the other?" "*Now that* you mention it, I did see old Ralph carrying a basket down the garden walk and going in the direction of this house. (*The Casebook of Sherlock Holmes*)

㊳ I asked, 'Did your butler ever ask you such a question?' "Reginald Musgrave looked at me in astonishment. '*Now that* you call it to my mind,' he answered, 'Brunton did ask me about the height of the tree some months ago... (*The Memoirs of Sherlock Holmes*)

㊴ That was his reason. "By Jove! that's true," said the detective. "*Now that* I come to think of it, Dr. Barnicot's bust was broken not far from his red lamp." (*The Return of Sherlock Holmes*)

一見すると，このような例では同時性や時の前後関係が表されておらず，むしろ時間軸をさかのぼっているように思われる．しかしながら，そういった見方は妥当ではない．上例においては，now(that) 節は Sweetser (1990) のいうところの「発話行為の領域」で機能しており，now(that) 節は，第3節で述べた主節に命令文や疑問文を取るケース（㉓〜㉘）同様，表層には現れていない発話動詞にかかっているのである．例えば，㊱では㊵のような構造を考えるのである．

㊵  *Now that* you mention it, (I say) it was not large.

㊲〜㊴についても同様である．㊱〜㊴においては now(that) 節も主節もともに現在時制であり，時間軸をさかのぼっているわけではないのである．

次に，now(that) 節のアスペクトについて考える．伊藤（1995）で主張したように，now(that)X，Y において X は境界をもたない均質な連続体であってはならず，新たな事態の出現を表すようなものでなければならない．このため now(that) 節中には基本的には進行形は現れないと考えられるが，この点については動詞の意味を詳細に検討しなければならない．例えば，arrive, begin, die, enter, fall, land, leave, lose, stop などのいわゆる transitional event verb は，進行形をとると，1 つの状態から別の状態へと推移しつつあることを意味する．すると，now(that) 節中に進行形が現れる場合には動詞のタイプがこのようなものに偏る，あるいは限られるのではないかという予測が成り立つ．このことを資料にあたって確認してみよう．

まず，⑬から明らかなように，now(that) 節中に進行形が現れる例は極めて少ない．全用例 220 のうち僅かに 8 例であり，この事実は伊藤（1995）の主張の妥当性を支持しているといえる．しかしながら，8 例に現れている動詞について見ると，live が用いられている例が 2 つ，try, threaten, become, draw, go, come が使われている例がそれぞれ 1 例ずつであり，先に述べたような動詞に限られてはいない．以下に 8 例をすべて挙げる．

㊶ "She is dropping badly by the head, John Carter," he said. "So long as we were rising at a stiff angle it was not noticeable, but *now that* I am trying to keep a horizontal course it is different. The wound in her bow has opened one of her forward ray tanks." (*The Gods of Mars*)

㊷ "Going to lose her?" exclaimed Tarzan. "Why, what do you mean? Oh, yes, I understand. You mean that *now that* she is married and living in England, you will seldom if ever see her." (*The Return of Tarzan*)

㊸ But it has certainly had an influence over the first impressions that I have formed of her, *now that* we are living together again –

"for which reason only I have thought fit to mention it here. (*The Woman in White*)

㊹　By stretching them upon the stems of trees, and diligently scraping them, he had managed to save them in a fair condition, and *now that* his clothes <u>were threatening</u> to cover his nakedness no longer, he commenced to fashion a rude garment of them, ... (*The Return of Tarzan*)

㊺　The two daughters sat near their mother, listening to the talk about China. Mrs. St. Peter was very fair, pink and gold, -- a pale gold, *now that* she <u>was becoming</u> a little grey. (*The Professor's House*)

㊻　It seems so cold and so unfeeling to be looking at the future already in this cruelly composed way. But what other way is possible, *now that* the time <u>is drawing</u> so near? Before another month is over our heads she will be his Laura instead of mine! (*The Woman in White*)

㊼　Still I feel that I could hardly get out of the invitation without positive rudeness; and, *now that* Mrs. Marden and Agatha <u>are going</u>, of course I would not if I could. But I had rather meet them anywhere else. (*The Parasite*)

㊽　"As if that would make any difference!" It was clear to Lady Albury that Ayala must surrender *now that* she *was coming* to Stalham a second time, knowing that the Colonel would be there. (*Songes and Sonettes witten by the right honorable Lorde Henry Haward late Earle of Surrey, and other*)

㊺㊻㊼㊽については，述語自体が事態の推移を表しているので特に問題にはならないと思われる．残りの4例については，述語自体は事態の推移を表すようなものではなく，前後の文脈を考慮した説明が必要となる．㊶では，rising at a stiff angle と keep a horizontal course との間に対照が読み取れ，

now(that) 節全体が新たな事態の出現を表している．㊷㊸には live の進行形が現れているが，㊷では，「彼女が結婚して（これまで住んでいた場所とは異なる）イングランドに住んでいる」ということが表されており，㊸では，「（一時は別々に暮らしていたが）再び一緒に住んでいる」ということが表されている．両例とも新たな事態の出現を表していると考えられよう．㊹は，着衣が徐々にずり落ちて隠されていた部分があらわになりつつある様子が描写されており，事態の推移が表されていると見なし得ると思われる．ただし，ここでいう「新たな事態」とは，発話者（書き手）とその相手（読者）との間ですでに了解済みの「旧情報」であることはいうまでもない．了解済みの「旧情報」である「新たな事態」を now(that) 節内で述べ，主節で「新情報」を提示しているのである（now(that) 節が「旧情報」を，主節が「新情報」を表示することについては第2節ですでに述べた）．

## 5. now(that) 節の生起位置と Sweetser（1990）の3認知領域

伊藤（1995）によれば，時の前後関係あるいは同時性を表すとともに主節との因果関係を表すこともある as soon as, when, after 等の接続詞と now(that) を比較すると，前者が Sweeter（1990）の3認知領域のうち「現実世界の領域における因果関係しか表さないのに対して，後者は3認知領域すべてにおいて因果関係を表すのであった．「現実世界の領域」以外の認知領域における因果関係を表し得るという now(that) 節の機能上の特性は同要素と主節との生起順序に反映されるのではないかと思われる．すなわち，now(that) 節が「現実世界の領域」において機能する場合には時系列に沿う形で因果関係が表示されるので，now(that)X, Y という形で同要素が現れるのが標準的であると考えられる．現実世界において，X → Y の順序で事態が生起した場合，先に起こった事態 X が後に起こった事態 Y の原因であるととらえるのが通常の認知過程であると思われるからである．

これに対して，now(that) 節が「認識的領域」あるいは「発話行為の領域」

において機能する場合には，時系列に縛られることはないので，Y, now(that) X といった形で同要素が現れる可能性が出てくるのである．もちろん，副詞節である now(that) 節が主節の後に現れるということは文法的には十分に可能であるから，「現実世界の領域」においては同要素が Y, now(that)X という形で現れることはないといった主張を行おうというわけではない．しかしながら，コンピュータ・コーパスを利用して得られた資料を分析した結果，Y, now(that)X という形で now(that) 節が現れている場合には，「現実世界の領域」における因果関係よりも「認識的領域」および「発話行為の領域」における因果関係が表されている場合の方が相対的に多いといった観察結果が得られる可能性は高いのではないだろうか．

先に第2節でみたように，now(that) 節の全用例 220 のうち同要素が文末に現れる例は 89 例であった．この 89 例をどの認知領域で機能しているかによってさらに分類すると，以下のようになる．

㊾ 「現実世界の領域」: 40
「認識的領域」: 15
「発話行為の領域」: 34

それぞれの例を 1 つずつ挙げておく．

(50) Here the greatest difficulty confronted Clayton, for he had no means whereby to hang his massive door *now that* he had built it. After two days' work, however, he succeeded in fashioning two massive hardwood hinges, and... (*Tarzan of the Apes*)

now that 節で表される出来事・事態が，現実世界において，主節で表される出来事・事態の原因・理由となっており，話者の思考や判断は介入していない．

(51) Now I can start fresh, and henceforth I hope to pay my way." It seemed odd what a sudden accession of respect there was for the minister *now that* he had money in the bank. (*A Fancy of Hers*)

now that 節が主節で表される結論を導くための根拠となっており，話者の心的世界の中での関係づけが行われている．

(52) "The question is, What shall we do with the living specimen,

*now that* we have it?" "Our chairman," said Ayrault, "must find a way to kill it, so that we may examine it closely. (*A Journey in Other Worlds*)

主節で発話行為を行うための理由が now that 節で表されており，話者の発話の観点や態度が示されているのが分かる．

文末に現れて「現実世界の領域」で機能している now that 節には，次の㊼のように構造上あるいは文体的理由で節頭に出せないものも含まれている．

㊼ That man was Mr Gilmore's partner, Mr Kyrle, who conducted the business *now that* our old friend had been obliged to withdraw from it, and to leave London on account of his health. (*The Woman in White*)

本例の now that 節は関係節中にあり，これを "Mr. Kyrle, who ( , ) now that our old friend had been obliged to withdraw from it, and to leave London on account of his health ( , ) conducted the business" といったように書き換えるのは難しいように思われる．

now(that) 節が文末に現れる 89 例のうち，同要素が「現実世界の領域」で機能している例が 40 例，「認識的領域」あるいは「発話行為の領域」で機能している例が 49 例であり，先に述べた予測が正しかったと言い切れるような観察結果は得られなかった．このことに資料の性格が関係しているか否かは定かではないが，文体の異なる資料も検討してみる必要があろう．

## 6. now(that) 節の用法の拡張

先に第 2 節において，統語的には本来離接詞である now(that) 節が付接詞として振る舞いうることを見た．本節では，now(that) 節の意味的な側面から見た用法の拡張について述べる．

これまで議論してきたように，now(that) 節は時の前後関係，同時性を表すとともに主節との因果関係を表すのであるが，以下の例においては，同要素が

主節と因果関係で結びついているとは考えにくい.

㊹ "And Italy?" asked Mrs. Failing. This question he avoided. Italy must wait. *Now that* he had the time, he had not the money. "Or what is the long story about, then?" (*The Longest Journey*)

㊺ "As the days passed, and moon after moon went by without bring even the faintest rumour of you, I resigned myself to my fate. And *now that* you have come, scarce can I believe it. For an hour I have heard the sounds of conflict within the palace. (*The Gods of Mars*)

㊹㊺の now that X, Y において，X と Y の間には因果関係は認められず，むしろ，「X だけれども Y」というように逆接の関係が読み取れる．以下の例についても同様である．

㊻ "I wonder what you think of me? I wonder if you ever think of me?" The thought careered like caged squirrel, *now that* he walked through autumn woods toward her home. "I wish that you were not so sensible." (*The Certain Hour*)

㊼ This was the day. It was like no other, *now that* it had come. The fog, the crowd, the greasy smells of the pier, all familiar enough yesterday, took on a certain remoteness... (*Frances Waldeaux*)

同一の言語形式が因果関係を表したり，逆接の関係を表したりするのは奇妙なことのように思えるが，now(that)節が時の前後関係や同時性を表すことを考えれば，それほど不自然なことではない．すなわち，now(that)X, Y において時の前後関係が表される場合には，先に起こった事態 X が後に起こった事態 Y の原因であると解釈され，now(that)節と主節との間には因果関係が認められ，一方，now(that)X, Y において同時性が表され，X, Y が本来両立しえないような事態を表している場合には，両立しない事態が同時に成立していることから，now(that)節と主節との間に逆接の関係が認められると考えるのである．

## 7. now(that) 節の内部構造について

これまで now that をひとまとまりの接続表現として扱い，あえてその内部構造に言及することはしなかった．本節では，あくまでも推測の域を出ないが，now(that) 節の内部構造について若干の私見を述べる．現時点では，次の3つの可能性を考えている．

第1の可能性は，now that S が関係節構造をなすというものである．㊳に挙げたような例において，that が関係副詞 when の代用として機能しており，この that 以下の部分が now を修飾していると考えるのである．すなわち，'Everyone is present now.' といった文が基の文として存在すると考えるのである．

㊳　Now that everyone is present, we can begin the meeting.

すでに⑬などで述べたように，now(that) 節中には現在形，現在進行形，現在完了形，過去形，過去進行形，過去完了形など，様々な時制が現れうる．この中で最も副詞の now と共起しにくいと思われるのが過去完了であるが，次に挙げる㊴〜㊷のように過去完了と共起する副詞の now も存在することから，now(that) 節が関係節構造をなすとみなしてもよいように思われる[5]．now(that) 節中の過去完了の文から，基の文として副詞の now と過去完了が共起した文を想定することができるからである．

㊴　*Now*, I <u>hadn't told</u> him these details, so he must have done some research on his own. (*Collins Cobuild English Dictionary*)

㊵　The shepherd again consented. But at last the Bitch, protected by the bodyguard of her Whelps, who <u>had</u> *now* <u>grown</u> up and were able to defend themselves, asserted her exclusive right to the place and would not permit the shepherd to... (*Aesop's Fables*)

㊶　The good-natured Miller immediately took up his son behind him. They had *now* almost reached the town. (*Aesop's Fables*)

㊷　*Now* Mr. Davis <u>had declared</u> limes a contraband article, and solemnly vowed to publicly ferrule the first person who was found breaking... (*Little Women*)

次の可能性として，now(that)節が 'now is the time that（関係副詞 when の代用）〜' の 'is the time' の部分が省略されてできたと考えることもできるが，この場合，問題が生じる．次の⑥③⑥④からも明らかなように，now(that)節中の動詞は過去形であっても構わないが，これらの基になる構造が 'now is the time that 〜' であるならば，⑥⑤⑥⑥のような文が成り立つはずであるが，このような文はいずれも整合性を欠き不自然である．

⑥③　I never let her guess it, but did all that lay within my power to serve and protect her. I thank God *now that* I did so. (*The Lost Continent*)

⑥④　*Now that* we were reunited, we held a council to determine what course we should pursue in the immediate future. (*The Lost Continent*)

⑥⑤　# Now is the time that I did so.

⑥⑥　# Now is the time we were reunited.

第3の可能性は，独立文で用いられていた副詞の now が接続詞化する過程で，now に後続する節が従属節であることを明示するために補文標識の that が導入されたというものである．次例を見られたい．

⑥⑦　*Now*, the city and its economy have changed course, and private investors have followed. For Naples, what's going on is a sort of challenging gamble. (*Newsweek*, August 5th, 1996)

本例においては，第1文と第2文の間には因果関係が認められ，接続詞としての now を用いて次のように1文にすることは可能であろう．

⑥⑧　*Now* the city and its economy have changed course, and private investors have followed, for Naples, what's going on is a sort of challenging gamble.

さらに now に導かれた節が従属節であることを明示的に示すために補文標識の that が導入され，⑥⑨のような文になったと考えるわけである．

⑥⑨　*Now that* the city and its economy have changed course, and private investors have followed, for Naples, what's going on is a sort of challenging gamble.

もう1例見ておこう．次の⑩についても先の㊆と同様に，第1文と第2文との間に因果関係を読み取ることは容易であろう．㊅㊈と同様の過程を経て⑪のような文が成立したと考えられる．

⑩ *Now* Burundi has a military junta and a dictator, Pierre Buyoya, a Tutsi officer who had ruled the country for six years following an earlier coup in 1987. This could be the start of an equally long reign. (*Newsweek,* August 5th. 1996)

⑪ *Now that* Burundi has a military junta and a dictator, Pierre Buyoya, a Tutsi officer who had ruled the country for six years following an earlier coup in 1987, this could be the start of an equally long reign.

now(that)節が関係節構造をなしていると分析するのが，現時点では最も妥当性が高いと思われる．他の2つの可能性，すなわち，何らかの省略の過程を経ているという見方，そして，nowが接続詞化するのに伴って補文標識のthatが導入されたという見方にはそれぞれ問題がある．

## 8. おわりに

コンピュータ・コーパスから得たデータをもとにnow(that)節を分析した結果，以下の諸点が明らかになった．

now(that)節は「内容の離接詞」として機能する場合と「表現様式の離接詞」として機能する場合がある．両者は統語的には同じ振る舞いをするが，前者は主節の内容について説明を加えるのに対して，後者は発話行為の付帯状況について言及し，主節には1人称の主語と「話す」ことを意味または暗示する動詞を取る（代表例はI say）か，またはこれらが表層に現れない場合は，命令文や疑問文などが主節となる．

2種類の離接詞とSweetser (1990) の3認知領域 (now(that) 節は3つのどの領域においても機能する) を関連づけると，「内容の離接詞」として使われたnow(that) 節は「現実世界の領域」および「認識的領域」における因果関係を表示し，「表現様式の離接詞」として使われたnow(that) 節は「発話行為の領域」において機能するといえる．

 また，now(that) 節が「旧情報」を，主節が「新情報」を表示することと，Sweetser (1990) の3認知領域との関係から，接続詞now(that) は，now(that) 節中の「旧情報」と主節の「新情報」の客観的な因果関係を規定したり・主観的な推論関係を規定したり，主節の発話行為に対しての主観的理由づけを合図したりするということができる．

 now(that) 節と主節の時制は，⑬に見られるように多様である．now(that) 節が現在時制で主節が過去時制である例は，時間軸をさかのぼっているようにみえるが，こういった例では，now(that) 節は，「発話行為の領域」で機能しており，同要素は，表層に現れていない発話動詞にかかっており，時間軸をさかのぼっているといった見方は妥当ではない．

 now(that) 節のアスペクトについては，now(that)X, Y においてXは境界をもたない連続体であってはならず，新たな事態の出現を表すようなものでなければならない，という制約があるため，進行形は現れにくい．now(that) 節中に進行形が現れる場合は，動詞は，いわゆるtransitional event verb あるいはこれに類するものに限られ，これ以外の動詞の進行形が現れる場合でも，前後の文脈に支えられる形でnow(that) 節全体では，事態の推移あるいは新たな事態の出現が表されている．

 now(that) 節が文頭，文末のどちらに現れるかということと同要素が3つの認知領域のどのレベルで機能しているかということとの間には，明確な形では相関関係を見いだすことはできなかった．

 統語的には，now(that) 節は，基本的には離接詞であるが，付接詞としても振る舞う方向に用法が拡張している (焦点化を行う副詞especially, even によって修飾されている例が，わずかではあるが，存在する)．また，意味的な観点から同要素を見た場合，主節との因果関係を表す以外に，逆接の関係を表す方

向に用法が拡張しているようである．

now(that) 節の内部構造についても若干の考察を加えたが，now(that) 節が関係節構造を成していると分析するのが，現時点では最も妥当性が高いと思われる．今後の課題としては，now(that) と同様に，時の前後関係や同時性を表しながら主節との因果関係を表す as soon as, after, when といった言語形式との比較を行うといったことが挙げられよう．

注

1） http://www.hti.umich.edu/english/pd-modeng/

2） 検索で得られた 1,150 個の now that 中，実際にはこの倍くらいの量が now that 節であると思われるが，コンピュータによる作業はこれまでで，その後の分析はすべて手作業になるため，データをプリントアウトしたものがほぼ半量になるところで収集を打ち切らざるを得なかった．

3） 例えば，次の文に見られる now that 節の生起位置は「文末」である．
She looked shy, but she had a nice, now she was no longer a savage; and the wild look had gone from her eyes. (*Sara Crewe; or What Happened at Miss Minchin's*)

4） ついでながら，now(that) 節以外の理由を表す節のうち，because 節は「新情報」を，since 節は「旧情報」を表示する（Schourup and Waida (1988) : 92-111）.

5） サンプル検索した 150 例の now の中に，現在形や現在進行形だけでなく，現在完了形，過去形，過去進行形とともに用いられた例が多く見つかっている．過去完了形と共起しているものは僅か 3 例であったので，予想通り，now とは最も共起しにくい時制であるといっても差し支えないだろう（紹介した 4 つの用例のうち，(59)は辞書（Collins Cobuild English Dictionary）から引いたものである）.

出典

Aesop. *Aesop's Fables*.

Alcott. Louisa May. *Little Women*.

Alger, Horation. *A Fancy of Hers*.

Astor, John Jacob. *A Journey in Other Worlds*.

Brontë, Emily. *Wuthering Heights*.

Burnett, Frances Hodgson. *Sara Crewe; or What Happened at Miss Minchin's*.

Burroughs, Edgar Rice. *Tarzan of the Apes*.

## 第3章　コンピュータ・コーパスを利用した now (that) 節の分析　103

―. *The Gods of Mars*.
―. *The Lost Continent*.
―. *The Warlord of Mars*.
Cabell, James Branch. *The Certain Hour*.
Cather, Willa. *The Professor's House*.
Collins. Wilkie. *The Woman in White*.
Davis. *Frances waldeaux*.
―. *The King's Jackal*.
Dixon. *The Foolish Virgin*.
Doyles. Conan. *The Casebook of Sherlock Holmes*.
―. *The Hound of the Baskervilles*.
―. *The Memoirs of Sherlock Holmes*.
―. *The Parasite*.
―. *The Return of Sherlock Holmes*.
Forester. *The Longest Journey*.
Hardy, Thomas. *Far from the Madding Crowd*
―. *Jude the Obscure*.
Tottel. *Songes and Sonettes written by the ryght honorable Lorde Henry Haward late Earle of Surrey, and other*.

# 第4章

## 接続表現としての「それも」
—— 情報付加のあり方と文法化の可能性 ——

## 1. はじめに

日本語には，ソ系の指示詞を含む接続詞がいくつか存在する．以下にあげる「それが」「それから」「それで」「そこで」等がそうである．

① 太郎は子どもの頃とても体が弱かった．それが今ではボクシングの県代表だというから驚いてしまう．

② 冷戦時代は，キューバからの亡命者は自由の戦士ともてはやされ，米国の市民権を与えられた．それが，いまはすっかり邪魔者扱いである．(庵(1995b))

③ 花子は6時頃に帰宅し，それからアルバイトに出かけた．

④ 和男は卒論に追われて3日間徹夜が続き，それでとうとう体調を崩してしまった．

⑤ フードセンターの前の有楽橋でおりましてね，それから／それであの銀座へ向かっていらっしゃいましてね，電車通りの，一つ，四つ角をね，入りますとすぐ左側ですけど．(浜田(1995))

⑥ 私のは短編だから，いっぺんに渡さなきゃいけないと思うんですけどね．途中でコロコロ変わっちゃうんです，書いているうちに．それで，最後の五枚ぐらいは，いつもドンケツです．(本多(1999))

⑦ 現在の職場は通勤に3時間もかかるために家族と過ごす時間がほとんど取れない．そこで思い切って転職することにした．

⑧ すなわち，舌にのっている時間が短くなると，味覚で感じる味もほん

第4章 接続表現としての「それも」——情報付加のあり方と文法化の可能性—— 105

のわずかの時間しか刺激を受けない．そのうえ，味の強いものだけが，わずかに味覚に感じるだけである．そこで，食事の早い人は，せっかくいろいろの料理を食べても，ほとんどその料理の味はあじわえていないことになる．（本多（1999））

先行研究ではこれまで議論されていないようであるが，次例に見られる「それも」もソ系の指示詞「それ」を含み，接続詞として機能していると思われる．

⑨ ニューヨークでも切符がとれないほどの評判だそうだが，わかるような気がする．アニメの「ライオンキング」と違って，生身の俳優がライオンにもハイエナにも扮する．それも縫いぐるみではなく，人間が人形や仮面，竹馬，影絵を使って動物をアニメートする（生命を吹き込む）のだから観客の共感を生むわけだ．（毎日新聞12月22日1998年）

⑩ その中に死んだ人を投げこんだの．あたしは最初は自首するつもりだった．死体が見つかったらきっと大騒ぎになる．警察も青葉会も犯人を捜すだろうって．だけど，恐くなった．もし自首したら，青葉会から仕返しされるかもしれない．それもあたしだけじゃなくてキミちゃんまで……．そう思ったらできなくなった．（大沢在昌「新宿鮫 風化水脈」）

⑪ 最近うれしいことがあった．間もなく定年で嘱託勤務になる私に，職場の後輩たちが記念写真を撮ろうと言ってくれたことだ．それも，いつもの仕事場でみんな一緒に，撮るのもプロのカメラマンで，と．（毎日新聞 8月13日2000年）

⑨〜⑪のような「それも」を接続表現であると見なすのはなぜかというのは大きな問題であり，品詞論に深入りすることはできないが，以下にあげる指示対象を持つ「それ」に「も」が付加された言語形式とは明確に区別できるであろう．

⑫ （店先で）「これと，これと……あっ，それもください．」
⑬ 水面に映った犬は肉をくわえている．「それもよこせ」と犬はワンとほえた．肉は水中に落ち欲張り犬は元も子もなくしてしまった．（毎日新聞 10月31日1999年）

⑫⑬では，いわゆる現場指示の「それ」に「も」が付加されている．さらに

文脈指示の例を見てみよう．

⑭　第三に決定的に必要なのは有権者がとにもかくにも選挙に参加するという気迫を持つことである．この気迫が弱ければ政治家や政党のそれも弱く，両者の共同作業がいい加減なものになっても不思議はない．（毎日新聞　6月6日2000年）

⑮　これが世の中の汚い現実だと俊郎はときどき考えてみるのだが，違法すれすれの商売で飯を食いながら，それもおかしなことだと自嘲して終わるのが常だった．（高村薫「地を這う虫」）

⑯　そもそも昨日まで司直の側にいた男が，一転して政治家のお抱え運転手になったら何が起こるか．後から考えて，それも当然だと納得したが，運転手になって一週間後には，元の職場の上司から内々の話がやってきたのだ．（高村薫「地を遣う虫」）

⑭の「それ」は，先行文脈に現れる名詞句「気迫」を指しており，⑮，⑯では，「それ」がそれぞれ名詞節「これが世の中の汚い現実だと考える（こと）」，「元の職場の上司から内々の話がやってきた（こと）」を受けている．

接続表現として機能する⑨〜⑪の「それも」は指示対象を持つ⑫〜⑯の「それも」と違って，接続詞「しかも」との置き換えが可能である．

⑰　ニューヨークでも切符がとれないほどの評判だそうだが，わかるような気がする．アニメの「ライオンキング」と違って，生身の俳優がライオンにもハイエナにも扮する．しかも縫いぐるみではなく，人間が人形や仮面，竹馬，影絵を使って動物をアニメートする（生命を吹き込む）のだから観客の共感を生むわけだ．

⑱　その中に死んだ人を投げこんだの．あたしは最初は自首するつもりだった．死体が見つかったらきっと大騒ぎになる．警察も青葉会も犯人を捜すだろうって．だけど，恐くなった．もし自首したら，青葉会から仕返しされるかもしれない．しかもあたしだけじゃなくてキミちゃんまで……．そう思ったらできなくなった．

⑲　最近うれしいことがあった．間もなく定年で嘱託勤務になる私に，職場の後輩たちが記念写真を撮ろうと言ってくれたことだ．しかも，いつ

もの仕事場でみんな一緒に，撮るのもプロのカメラマンで，と．
具体的な指示対象を持つ「それ」に「も」が付加された言語形式のおいては，「それ」が「さえ」「まで」といった取り立て詞を伴いうるが，接続表現としての「それも」は，このような形で分割されることはない．

 ⑳ 5種類の丼物に続いて大盛りのカレーライスが出てきたが，太郎は<u>それ（さえ／まで）も</u>たいらげた．

 ㉑ 花子は太郎に旅行がだめなら，せめて食事に連れて行ってくれと頼んだが，太郎は<u>それ（さえ／まで）も</u>拒んだ．

 ㉒ 太郎の病気はストレスからくるもので，<u>それ（#さえ／まで）も</u>重症です．

 ㉓ 最近は生物学が盛んだ．<u>それ（#さえ／まで）も</u>もっぱら遺伝子とウイルスに関わるものが多い．

㉒, ㉓の「それも」は，「しかも」との置き換えは可能である．

 ㉔ 太郎の病気はストレスからくるもので，<u>しかも</u>重症です．

 ㉕ 最近は生物学が盛んだ．<u>しかも</u>もっぱら遺伝子とウイルスに関わるものが多い．

本章の目標は，このような「それも」の接続機能の特徴を「しかも」と対比しながら明らかにし，さらに「それも」の接続機能に見られる特異性が，同語が指示詞「それ」＋とりたて詞「も」が文法化したものであることに起因するという主張を行うことである．


## 2.「それも」の接続機能

前節でも見たように，接続表現としての「それも」は，「しかも」に置き換えられる．本節においては，「しかも」から「それも」への置き換え，および「それも」から「しかも」への置き換えの可能性を詳細に検討しながら，「それも」の接続機能の特徴を明らかにする．まず，「しかも」を「それも」に置き換えることができる例から見てみよう．

㉖　アサさんは，あまり人の考えないことを，地に足のついた仕方で，しかもどこかユーモラスに実現してゆかれる人なのだ．(大江健三郎「燃え上がる緑の木」)

㉗　アサさんは，あまり人の考えないことを，地に足のついた仕方で，それもどこかユーモラスに実現してゆかれる人なのだ．

㉘　報道機関の中でも毎日新聞，その中の政治部，しかも7人だけの意見だが，安保改定自体は「現実的でやむを得ない選択」という認識でほぼ共通していた．(毎日新聞　1月16日 1999年)

㉙　報道機関の中でも毎日新聞，その中の政治部，それも7人だけの意見だが，安保改定自体は「現実的でやむを得ない選択」という認識でほぼ共通していた．

㉚　北朝鮮が1990年に開発したワープロ「彰徳」はIを押すと金日成氏，Jを押すと金正日氏のフルネームのハングル表記を呼び出すことができる．最もひんぱんに使われる名前だから短縮キーにしたというが，何となく象徴的だ．権力はIからJへ1文字で転換する．しかも，アルファベット順に．(毎日新聞　6月13日 2000年)

㉛　北朝鮮が1990年に開発したワープロ「彰徳」はIを押すと金日成氏，Jを押すと金正日氏のフルネームのハングル表記を呼び出すことができる．最もひんぱんに使われる名前だから短縮キーにしたというが，何となく象徴的だ．権力はIからJへ1文字で転換する．それも，アルファベット順に．

㉜　ジョン・アップダイクやフイリップ・ロスらが歴代受賞者に名をつらねるピュリツァー賞において，三十三歳という若手作家の，しかもデビュー作が賞を獲得したのは異例のこととも言える．(毎日新聞　6月22日 2000年夕刊)

㉝　ジョン・アップダイクやフイリップ・ロスらが歴代受賞者に名をつらねるピュリツアー賞において，三十三歳という若手作家の，それもデビュー作が賞を獲得したのは異例のこととも言える．

以下にあげるのは，「それも」を「しかも」に置き換え可能な例である．

㉞　もう何十年も会っていない，名乗られてもしばらくは誰なのかわからなかったその男は，開口一番こう言ったという．「ちょっと墓を貸してくれないか」と．それも，まるで傘でも借りるときのような軽い調子で言ったのだという．（丸山健二「いつか海の底に」）

㉟　もう何十年も会っていない，名乗られてもしばらくは誰なのかわからなかったその男は，開口一番こう言ったという．「ちょっと墓を貸してくれないか」と．しかも，まるで傘でも借りるときのような軽い調子で言ったのだという．

㊱　日本は米国の保護下にあるとはいえ，独立国家である．それも世界で唯一，平和宣言をした．（毎日新聞　12月24日1998年）

㊲　日本は米国の保護下にあるとはいえ，独立国家である．しかも世界で唯一，平和宣言をした．

㊳　大江さんは「(子供に) 口でどれだけ説明しても，お金の価値は教えられない．実際にお金もうけをさせる，それもできるだけ小さいうちに．これに勝る教育法はない」と断言する．（毎日新聞　7月27日2000年）

㊴　大江さんは「(子供に) 口でどれだけ説明しても，お金の価値は教えられない．実際にお金もうけをさせる，しかもできるだけ小さいうちに．これに勝る教育法はない」と断言する．

㊵　仙台で働いている彼は6月に父親になった．お嫁さんは島根の出身で里帰り出産．仙台―島根では交通費も相当かかるので息子も度々は帰れない．出産の時に帰ろうと考えていたら，会社側が広島支店への出張を命じてくれた．それも日曜をはさんで……．（毎日新聞　7月25日2000年）

㊶　仙台で働いている彼は6月に父親になった．お嫁さんは島根の出身で里帰り出産．仙台―島根では交通費も相当かかるので息子も度々は帰れない．出産の時に帰ろうと考えていたら，会社側が広島支店への出張を命じてくれた．しかも日曜をはさんで……．

これまで「それも」と「しかも」が置き換え可能な例を見てきたが，これら2つの接続表現は常に置き換えが可能であるというわけではない．以下にあげ

るのは，「しかも」を「それも」に置き換えられない例である．

㊷　法務局は「教諭が体罰を繰り返していたことは人権擁護の観点から到底許されず，しかも重傷をおわせていたので厳しい勧告処置をした．（毎日新聞　11月27日1998年）

㊸　#法務局は「教諭が体罰を繰り返していたことは人権擁護の観点から到底許されず，それも重傷をおわせていたので厳しい勧告処置をした．

㊹　それに対して，総合案内にはたいがい婦長さんクラスの看護婦さんがいる．しかも，看護婦さんは，医者の扱いにはさんざん苦労しているから，「どの先生がどういう性格で，どんな治療をするか」に，結構詳しかったりする．（毎日新聞　9月12日1998年）

㊺　#それに対して，総合案内にはたいがい婦長さんクラスの看護婦さんがいる．それも，看護婦さんは，医者の扱いにはさんざん苦労しているから，「どの先生がどういう性格で，どんな治療をするか」に，結構詳しかったりする．

㊻　今日的観点から見て面白いのは，高級娼婦の世界でこのリアーヌ・ド・ブージィに人気が出ると，さっそく，その美しさをマスコミが取り上げ，「女神」に祭り上げたことである．ようするに，現在の日本と同じように，フードル（風俗業界のアイドル）がそのままマスコミのアイドルとなるという現象が発生していたのだ．しかも，そのフードルたるリアーヌ・ド・ブージィが請われて舞台に立つようになり，女優としてさらなる人気を集めるようになったという点もまた，今日の日本の状況に酷似している．（毎日新聞　6月26日2000年夕刊）

㊼　#今日的観点から見て面白いのは，高級娼婦の世界でこのリアーヌ・ド・ブージィに人気が出ると，さっそく，その美しさをマスコミが取り上げ，「女神」に祭り上げたことである．ようするに，現在の日本と同じように，フードル（風俗業界のアイドル）がそのままマスコミのアイドルとなるという現象が発生していたのだ．それも，そのフードルたるリアーヌ・ド・ブージィが請われて舞台に立つようになり，女優としてさらなる人気を集めるようになったという点もまた，今日の日本の状況に酷似している．

㊽　ロベルタは，ブライアンの紹介で，「さばけた」という触れ込みのジャネット校長の面接を受けることになった．その小学校はニューヨークの柄の悪いハーレムにあった．しかも，ジャネットの口から出てきたのは，ロベルタにとって厳しい言葉ばかりだった．(週間ST　9月1日2000年)

㊾　#ロベルタは，ブライアンの紹介で，「さばけた」という触れ込みのジャネット校長の面接を受けることになった．その小学校はニューヨークの柄の悪いハーレムにあった．それも，ジャネットの口から出てきたのは，ロベルタにとって厳しい言葉ばかりだった．

「それも」と「しかも」が置き換え可能な例とそうでない㊷〜㊾のような例との違いはどこにあるのであろうか．それぞれの例における「A それも B」および「A しかも B」の A,B の関係をよく見ると，2つの接続表現による情報付加のあり方に違いがあることが分かる．すなわち，「A それも B」においては，A を受けて，B でもって A をさらに詳細化する形でしか情報が付加されないのに対して，「A しかも B」においては，そのような形での情報付加も行われるが，B が A に並置される形での情報付加も行われうるということである．換言すれば，「A しかも B」における A と B の関係はシンタグマチックでもパラディグマチックでもありうるが，「A それも B」においては両者の関係はシンタグマチックでしかありえないわけである．このことを簡略化した形で説明しよう．次例を見られたい．

㊿　昨日は雨降りで，それも／しかも土砂降りだった．

昨日は雨降りで，#それも／しかも風が強かった．

㊿では，「雨降り（だ)」という記述を受けて，「土砂降りだった」という表現でもって雨が降る様子をさらに詳細に述べ立てている．この場合，「それも」も「しかも」も自然な形で用いられる．これに対して(51)では，「風が強かった」という表現は，先行する「雨降り（だ)」の部分を受けて，それを詳細に述べているわけではなく，「風が強かった」の部分と「雨降り（だ)」の部分とは，両者が並置される形で「昨日の天候」について述べている．この場合は，「それも」を用いると非文となる．これまでに見てきた実例についても同様の分析が可能である．例えば，㉖について言えば，「どこかユーモラスに」という表

現は「地に足のついた仕方で」という表現を詳細に述べたものであり，㉞の「まるで傘でも借りるときのような軽い調子で」の部分は，男が「ちょっと墓を貸してくれないか」と言ったときの様子をさらに詳しく述べており，「それも」と「しかも」の両方の使用が可能である．これに対して，㊷では，「（教諭が）重傷を負わせていた」の部分と「教諭が体罰を繰り返していたことは人権擁護の観点から到底許されず」の部分は，2つの情報が並置されているに過ぎないし，㊹についても，「総合案内に婦長さんクラスの看護婦さんがいる（こと）」と「看護婦さんが医者の扱いに苦労している（こと）」との間にはパラディグマチックな結びつきしか見いだせず，「それも」への置き換えは不自然なものとなっている．さらに多くのデータの検討が必要ではあるが，本章の分析が正しければ，論理的には，「A それも B」は常に「A しかも B」に置き換えられるが，「A しかも B」は必ずしも「A それも B」に置き換えられるわけではないということになる．以下では，「それも」と置き換え可能な「しかも」を「しかも①」，置き換え不可能な「しかも」を「しかも②」と表記する場合がある．

　本節では，「それも」の接続機能の特徴を「しかも」と対比しながら議論し，「A それも B」では，A を受けて B でもって A をさらに詳細化するといった形の情報付加しか行われない，といった一応の結論を得たが，このような分析が正しいとして，接続表現としての「それも」はなぜこれまでに観察したようないわば偏った接続機能を獲得するに至ったのであろうか．次節では，「それも」の接続機能の特徴は，接続表現としての「それも」が「指示詞の「それ」＋とりたて詞の「も」」が文法化したことに由来するという見方を提示したい．

## 2. 文法化の可能性

　本章では，「それも」という接続表現は「指示詞の「それ」＋とりたて詞の「も」」が文法化した結果，接続詞になったものであり，そのことが同言語形式による情報付加のあり方の特徴に関係していると考える．ソ系の指示詞を含む接続詞に文法化のプロセスを認める分析は先行研究にもいくつか見られるが，ここで

第4章 接続表現としての「それも」── 情報付加のあり方と文法化の可能性 ── 113

は，庵 (1995b) と本多 (1999) を取り上げる．

庵 (1995b) は，逆接の接続詞「それが」を中心に分析を行い，接続詞と指示詞の連続性という問題を考察している．同氏があげている例文を見てみよう．

㊵ 健はそれまで病気知らずだった．その健が {a．？今もやはり元気だ／b．今は入院している}．

㊶ 健はそれまで病気知らずだった．それが {a．？今もやはり元気だ／b．今は入院している}．

㊷ 健はそれまで病気知らずだった．その健は {a．今もやはり元気だ／b．今は入院している}．

㊸ ？健はそれまで病気知らずだった．健が今は入院している．

㊶の「それが」は㊵のような「そのNPが」から「テキスト的意味の付与」という機能を引き継いでいる．「その健」から「その」を取り去った㊸の不自然さから明らかなように，㊵の主語は「入院することなど信じられない」といった属性を帯びていないと結束性が損なわれるので，単なる「健」では不十分で「それまで病気知らずだった健」でなければならず，この下線部の属性すなわちテキスト的意味をマークするために「その」の使用が義務的になる．「それが」が「そのNPが」から引き継いでいる「テキスト的意味の付与」という機能とは，このようなものである．さらに，値指示のソ系指示詞で人を指すと失礼になるという制約があり，このために「それが」は「そのNPが」とは違って指示性が希薄化して接続詞化する．

接続詞化した「それが」がなぜ「逆接」の接続詞になるのかについては，次のような説明が与えられる．定情報を格助詞すなわち「が」でマークすることは定情報を新情報扱いすることであり，㊷に観察されるような，接続詞がないときにデフォルト的にとられる「順接」の解釈ストラテジーに反し，そのためデフォルトの解釈ストラテジーの変更という機能を担いうる．これが㊵のような構文が逆接的な意味を帯び，「それが」が逆接の機能を持つことの理由である．

本多 (1999) は，発話行為理論的観点から「そこで」の用法分類を行い，その諸用法の関係を考察している．まず，「指示詞の「そこ」＋格助辞「で」」の段階では，場，時点を表す用法がある．

(56)　黄金町の駅から，関東学院の方へ行く坂道があるでしょ．あそこまではどうにか行けたの．でも，そこで動けなくなってしまって，そのままじっとしてたのよ．

(57)　それから37年，歴史の回り舞台の上で日本は大きな曲がり角に立っている．今日からの秋の国連総会で安保理の改組が議題にのぼる．そこで日本が常任理事国入りを求めるべきかどうか，という選択である．

(57)の「そこで」は，(56)のそれと較べて，より抽象的である．(58)は時点を表す「そこで」の例である．

(58)　リカ「ウソウソ，そんな一杯じゃないよーそいでねそいでね次がカンチの番になったの」
永尾「—」
リカ「やった，とか思って手を伸ばしたらねー（トーン落ちて）そこで音楽終わっちゃた」

このような「指示詞「そこ」十格助辞「で」」の場・時点の用法から接続詞「そこで」が派生し，この接続詞「そこで」において，以下のような命題内容間の因果関係による関係づけを行う用法が認められるという．

(59)　すなわち，舌にのっている時間が短くなると，味覚で感じる味もほんのわずかの時間しか刺激を受けない．そのうえ，味の強いものだけが，わずかに味覚に感じるだけである．そこで，食事の早い人は，せっかくいろいろの料理を食べても，ほとんどその料理の味は味わえていないことになる．

(60)　夜，田んぼの蛙の鳴き声がうるさくて，住民はなかなか眠れなかった．そこで彼は市役所へ電話して，蛙を取り締まる（？）ことを強い口調で依頼した．

さらに，命題内容間の因果関係による関係づけを行う用法から派生したものとして，(61)，(62)のような，前文において提示・確認された場面の成立を理由・前提として後文の発話を提出する用法が捉えられている．

(61)　問題は，病院，登記などの窓口業務と学校である．これらがいきなり土曜日に休むのは時期尚早だ．世論調査の結果でも，反対はまだ多数派

第4章 接続表現としての「それも」——情報付加のあり方と文法化の可能性—— 115

である．そこで，窓口部門の休みが利用者にどんな影響を与えるか，地域ごとにさまざまな試みをしてはどうか．

㉒ 論文が仕上がった．原稿の発送もした．そこで今日はひさしぶりに時間をかけて豪華な夕食をつくってあげよう．

本多（1999）は，このような「そこで」の用法間の意味的関係性を「含意の慣習化（conventionalization of implicature）」や「主体化（subjectification）」といった概念で説明しようと試みている．

推測の域を出ないが，本章で考察の対象としている「それも」についても「それが」あるいは「そこで」に見られるのと同様の意味変化ないしは形式化が起こっているのではないだろうか．すなわち，「指示詞の「それ」＋とりたて詞の「も」」であったものが文法化した結果，接続詞の「それも」になったと考えるのである[1]．接続表現としての「それも」が「AそれもB」において，もっぱらAを受けてBでもってAをさらに詳細化するといった形で情報付加を行うのは，指示詞としての機能を引き継いでいるからであると思われる．この分析の妥当性を例をいくつか見ながら検討しよう．

㉓ 木は紙になるが，紙が木になるとは思わなかった．その紙も，古紙の中では強度が低く再生紙としての用途が限られている漫画雑誌．ドラえもんだったら秘密道具で「ちょちょいのちょい」というところだろうが．（毎日新聞 3月6日2000年）

㉔ 木は紙になるが，紙が木になるとは思わなかった．しかも①／それも，古紙の中では強度が低く再生紙としての用途が限られている漫画雑誌．ドラえもんだったら秘密道具で「ちょちょいのちょい」というところだろうが．

㉔のような「それも」の前段階として㉓に見られるような「「その＋名詞句」＋「も」」の存在が想定される．次例を見てみよう．

㉕ 医療ミスのニュースが相次いでいる．その医療施設も大病院が取り上げられることが多い．ミスは氷山の一角と言う人もいる．（毎日新聞 9月8日2000年）

㉖ 医療ミスのニュースが相次いでいる．しかも①／それも大病院が取り

上げられることが多い．ミスは氷山の一角と言う人もいる．

㊿では，㊽と違って先行文脈に名詞句「医療施設」が明示的な形では現れていないが，その点を除けば，㊽，㊾と平行的な分析が可能であろう．

以下にあげる例では，接続詞として機能している「それも」の「それ」に指示詞としての性格が強く残っているように思われる．

㊆　「ボヴァリー夫人」は近頃はやりの不倫を扱った小説である．<u>それも</u>，意地悪く言えば，愚かな女性の，浅はかな不倫である．（毎日新聞　2月18日1999年）

本例の「それも」は「その扱われた不倫も」といった表現に置き換え可能である．次の㊇，㊈についても同様の見方ができる．

㊇　家でも学校でも，評価されるのは成績だけ．<u>それも</u>どれほど理解し，向上したかではなく，序列，偏差値に関心が集まる．（毎日新聞　1月3日1999年）

㊈　理由の一つは閉鎖社会で関係が濃密すぎたからではないだろうか．<u>それも</u>大人のような内的な関心によって結ばれた関係なのではなくて，帰り道が一緒とか席が隣というような，すごく偶発的なきっかけで始まったものだったから，濃密さに見合った必然性を欠いていたということだ．（毎日新聞　12月26日1998年）

㊇の「それも」は「その成績も」に，㊈の「それも」は「その関係も」といった表現で言い換えられよう．㊆〜㊈の「それも」が「しかも」に置き換え可能であることは言うもでもない．類例として㊉〜㊌をあげておく．

㊉　フィリピンは最近，事件づいている．<u>それも（その事件も／しかも①）</u>，通常の経過をたどる事件ではなく，想像を超えた出来事が多い．（毎日新聞　6月13日2000年）

㊋　開港して間もない新参空港だが，予想通り定期便が一日数便，<u>それも（その数便も／しかも①）</u>佐賀県が着陸料を半額にして，ようやく就航してもらっている．（毎日新聞　8月20日2000年）

㊌　中国語が聞こえた．鮫島は閉まっている雨戸の陰に体を隠した．大声の会話ではない．再び中国語が聞こえ，笑い声がつづいた．<u>それも（そ</u>

第4章 接続表現としての「それも」——情報付加のあり方と文法化の可能性—— 117

の笑い声も／しかも①)ひとりふたりの声ではなかった．四，五人はいる，と鮫島は感じた．（大沢在昌 「新宿鮫　風化水脈」）

接続詞としての「それも」の「それ」に指示詞としての性格が残っていることを別の観点から議論してみよう．まず，以下の例を見られたい．

⑺　何千年も変わらない遊牧民の暮らし．電気も自動車も文字もない暮らしが，学者や行政官の目をとおしてではなく，1人の少女の目をとおして具体的に語られていて，それだけでも魅力的である．しかも，それは最近まで実際に行われていた生活なのだ．（毎日新聞　10月31日1999年）

本例において，接続詞「しかも」に後続する「それは」を削除しても自然さは失われない．

⑺　何千年も変わらない遊牧民の暮らし．電気も自動車も文字もない暮らしが，学者や行政官の目をとおしてではなく，1人の少女の目をとおして具体的に語られていて，それだけでも魅力的である．しかも，最近まで実際に行われていた生活なのだ．

⑺において，「しかも」を「それも」に置き換えると不自然さが生じる．

⑺　何千年も変わらない遊牧民の暮らし．電気も自動車も文字もない暮らしが，学者や行政官の目をとおしてではなく，1人の少女の目をとおして具体的に語られていて，それだけでも魅力的である．？それも，それは最近まで実際に行われていた生活なのだ．

これに対して，⑺では，「しかも①」を「それも」に置き換えることで自然さが失われることはない．

⑺　何千年も変わらない遊牧民の暮らし．電気も自動車も文字もない暮らしが，学者や行政官の目をとおしてではなく，1人の少女の目をとおして具体的に語られていて，それだけでも魅力的である．それも，最近まで実際に行われていた生活なのだ．

⑺の不自然さは，接続詞「それも」の「それ」が指示詞としての機能を残しているため，「……その暮らしも，その暮らしは最近まで実際に行われていた生活なのだ」といったように解釈され，冗長性が生じてしまうからであると考えられる．類例を見てみよう．

⑦⑦　米英仏といった主要国では，戦後一貫して政府の研究開発費の3分の1から3分の2くらいが軍事目的で，民間を合わせた研究開発費総額でも2割を超えていたんです．それが冷戦終結で削減に向かいました．しかもそれは狭義の軍事費だけではなくて，軍事と密接に関係する民生分野にも及んでいます．（毎日新聞　9月17日1999年）

本例においても，「それは」の削除によって自然さが失われることはない．

⑦⑧　米英仏といった主要国では，戦後一貫して政府の研究開発費の3分の1から3分の2くらいが軍事目的で，民間を合わせた研究開発費総額でも2割を超えていたんです．それが冷戦終結で削減に向かいました．しかも狭義の軍事費だけではなくて，軍事と密接に関係する民生分野にも及んでいます．

⑦⑧の「しかも①」を「それも」に置き換えることはやはり可能である．

⑦⑨　米英仏といった主要国では，戦後一貫して政府の研究開発費の3分の1から3分の2くらいが軍事目的で，民間を合わせた研究開発費総額でも2割を超えていたんです．それが冷戦終結で削減に向かいました．それも狭義の軍事費だけではなくて，軍事と密接に関係する民生分野にも及んでいます．

ところが，「それは」を後続させる⑦⑦の「しかも」を「それも」で置き換えることはできない．

⑧⓪　米英仏といった主要国では，戦後一貫して政府の研究開発費の3分の1から3分の2くらいが軍事目的で，民間を合わせた研究開発費総額でも2割を超えていたんです．それが冷戦終結で削減に向かいました．？それもそれは狭義の軍事費だけではなくて，軍事と密接に関係する民生分野にも及んでいます．

⑧⓪の不自然さも先に見た⑦⑤と同様に，「それ」の部分に指示詞としての機能が残存する接続詞「それも」に「それは」が後続することによって，「……その削減もその削減は狭義の軍事費だけではなくて，……」といった解釈が行われることから生じる冗長性に起因するものと思われる．「しかも」に「それを」が後続する次例についても同様の分析があてはまる．

第4章 接続表現としての「それも」—— 情報付加のあり方と文法化の可能性 —— *119*

⑧ 長崎大学の環境科学部は，その分野でも，もっとも早く設立され，また先進の位置をしめてきたときく．人間にとって普遍性を持つ主題をかかげ，しかもそれを具体の対象という長崎に収斂させる．（毎日新聞　7月30日2000年）

⑧ 長崎大学の環境科学部は，その分野でも，もっとも早く設立され，また先進の位置をしめてきたときく．人間にとって普遍性を持つ主題をかかげ，しかも具体の対象という長崎に収斂させる．

⑧ 長崎大学の環境科学部は，その分野でも，もっとも早く設立され，また先進の位置をしめてきたときく．人間にとって普遍性を持つ主題をかかげ，それも具体の対象という長崎に収斂させる．

⑧ 長崎大学の環境科学部は，その分野でも，もっとも早く設立され，また先進の位置をしめてきたときく．人間にとって普遍性を持つ主題をかかげ，?それもそれを具体の対象という長崎に収斂させる．

⑧は「…，その主題もその主題を具体の対象という長崎に……」というように解釈されることで，不自然に感じられるのであろう．「しかも」が「それを」と共起している例を2つ，さらに「それが」と共起している例を1つあげておく．

⑧ 夢枕　同じころ，都営地下鉄12号線で，事故車両と同じメーカーの台車の溶接部分に亀裂があったことが，都議会で明らかになった．乗客から「異常な振動がある」と言われ，チェックしながら，そのまま走っていたというんだから．
　市毛　しかも，それを上に隠していたんですよ．
　夢枕　まったくひどい話．（毎日新聞　3月25日2000年夕刊）

⑧ 夢枕　同じころ，都営地下鉄12号線で，事故車両と同じメーカーの台車の溶接部分に亀裂があったことが，都議会で明らかになった．乗客から「異常な振動がある」と言われ，チェックしながら，そのまま走っていたというんだから．
　市毛　しかも，上に隠していたんですよ．
　夢枕　まったくひどい話．

⑧ 夢枕　同じころ，都営地下鉄12号線で，事故車両と同じメーカーの

台車の溶接部分に亀裂があったことが，都議会で明らかになった．乗客から「異常な振動がある」と言われ，チェックしながら，そのまま走っていたというんだから．

　　　　市毛？それも，上に隠していたんですよ．

　　　　夢枕　まったくひどい話．

⑧⑧　夢枕　同じころ，都営地下鉄12号線で，事故車両と同じメーカーの台車の溶接部分に亀裂があったことが，都議会で明らかになった．来客から「異常な振動がある」と言われ，チェックしながら，そのまま走っていたというんだから．

　　　　市毛？それも，それを上に隠していたんですよ．

　　　　夢枕　まったくひどい話．

⑧⑨　神経や感覚といったものが，はたして，どこまで言語化できるのか．しかもそれを理性的にではなく感覚的に．即物的に書きながら，なににもまして観念的にも見えるその性の描写の向こうに，絶対矛盾的にカサカサと痛い現代の神経と感覚を言葉につなぎとめようとする，その自分への執着と戦いを，私は，赤坂の『ミューズ』に見る．（毎日新聞　3月26日 2000年）

⑨⓪　神経や感覚といったものが，はたして，どこまで言語化できるのか．しかも理性的にではなく感覚的に．

⑨①　神経や感覚といったものが，はたして，どこまで言語化できるのか．それも理性的にではなく感覚的に．

⑨②　神経や感覚といったものが，はたして，どこまで言語化できるのか．？それもそれを理性的にではなく感覚的に．

⑨③　鮫島は，西新宿の一角にある駐車場を見張っているうちに，そこと隣の廃屋が，"洗い場"になっているのを突きとめる．どうやら背後に，中国人グループが動いているらしい．しかも，それが日本人のやくざと"業務提携"している．（大沢在昌「新宿鮫　風化水脈」）

⑨④　どうやら背後に，中国人グループが動いているらしい．しかも，日本人のやくざと"業務提携"している．

第4章 接続表現としての「それも」──情報付加のあり方と文法化の可能性── 121

⑮ どうやら背後に，中国人グループが動いているらしい．<u>それも</u>，日本人のやくざと"業務提携"している．

⑯ どうやら背後に，中国人グループが動いているらしい．？<u>それも</u>，それが日本人のやくざと"業務提携"している．

以上，本節では，接続表現としての「それも」が「指示詞の「それ」＋とりたて詞の「も」」が文法化したものであり，このことが同表現の情報付加の様態が「AそれもB」において，Aを受けてBでもってAを詳細化するといったものであることと関係しているという見方を提示した[2]．

## 3．「それも」と文末のモダリティ

これまで「それも」の接続機能の特徴について分析を進めてきたが，「それも」に後続する文の文末表現に注目すると興味深い事実が観察される．

⑰ だが，国内的要因だけでなくグローバル化という外的要因から生じた経済危機は，「漸次的」改革，<u>それも</u>「頭のすげ替え」によって乗り越<u>えられるものではない</u>．（毎日新聞　1月14日1999年）

先に見たように，接続表現としての「それも」は，「しかも」との置き換えが可能であったが，本例においては，「それも」を「しかも」に置き換えると不自然さが生じる．

⑱ だが，国内的要因だけでなくグローバル化という外的要因から生じた経済危機は，「漸次的」改革，＃<u>しかも</u>「頭のすげ替え」によって乗り越<u>えられるものではない</u>．

ところが，文末表現を変化させると，置き換えが可能となる．

⑲ 国内的要因だけでなくグローバル化という外的要因から生じた経済危機が「漸次的」改革，<u>それも／しかも</u>「頭のすげ替え」によって乗り越えられた．

さらに次例を見てみよう．

⑳ 目標に原発のヴィジターズ・センターを置き，デモ対策で道が閉鎖さ

れていることがなければ，そこから原発入口への降り坂を，守衛が固めている金網のゲートまで参加者でつなぐ．それも道の片側に細い列をなして座り込むかたちにしたい．（大江健三郎「燃え上がる緑の木」）

本例についても，自然さを保ったまま「それも」を「しかも」に置き換えることはできない．

⑩ 目標に原発のヴィジターズ・センターを置き，デモ対策で道が閉鎖されていることがなければ，そこから原発入口への降り坂を，守衛が固めている金網のゲートまで参加者でつなぐ．#しかも道の片側に細い列をなして座り込むかたちにしたい．

㊯と同様に文末表現を変えることによって，置き換えが可能になる．

⑩ 目標に原発のヴィジターズ・センターを置き，デモ対策で道が閉鎖されていることがなければ，そこから原発入口への降り坂を，守衛が固めている金網のゲートまで参加者でつなぐ．それも／しかも道の片側に細い列をなして座り込むかたちに．

以下の例についても，同様の事実が観察される．

⑩ これからは自分の足元，日本をきっちり見つめていく．それも／#しかもネガティブな面ではなく，ポジティブな面を子供たちに伝えていきたい．（毎日新聞　10月29日 1999年）

⑩ 自分の足元，日本をきっちり見つめている．それも／しかもネガティブな面だけではなく，ポジティブな面を子供たちに伝えている．

⑩ 混乱を避けるためにも，来年の通常国会で，それも／#しかも実施1年前の4月ごろまでには関連する法律を整備する必要がある．（毎日新聞　10月25日 1999年）

⑩ 通常国会で，それも／しかも4月までに関連する法律を整備した．

⑩ たしかに彼女の言う通りであろう．大会前に，といっても数日前では調整のしようもないのだから，大会のスケジュールが組まれた時点で，「たとえ優勝しても，平凡な記録だったら選ばない」と通達しておくべきである．それも／#しかも種目ごとに最低ラインを設定するなどして，明確な基準を打ち出しておかなければ，彼女のように納得できない思い

第 4 章　接続表現としての「それも」——情報付加のあり方と文法化の可能性——　　*123*

を抱く選手たちが，今後も出てくることだろう．(毎日新聞　5月1日 2000 年夕刊)
⑩⑧　大会のスケジュールが組まれた時点で，「たとえ優勝しても，平凡な記録だったら選ばない」と通達しておいたし，<u>それも／しかも</u>種目ごとに最低ラインを設定して，明確な基準を打ち出しておいた．
⑩⑨　次に大事なのが「政策の選択」だ．<u>それも／#しかも</u>目前の政策より，将来の日本のあるべき姿，ビジョンに向かうための中期政策を有権者は<u>聞きたいはずだ</u>．その点，民主党が選挙公約に「所得税の課税最低限の引き下げ」すなわち低所得階層の増税策を盛り込んだのは注目したい．(毎日新聞　6月3日 2000 年)
⑪⑩　次に大事なのが「政策の選択」だ．<u>それも／しかも</u>目前の政策より，将来の日本のあるべき姿，ビジョンに向かうための中期政策を有権者は聞きたがっている．

これまでの事実観察から，「それも」はモーダルな表現に馴染むが，「しかも」は馴染まないと言えそうである．接続表現としての「それも」は，「しかも」とは異なって，話者の主観を表す文末表現と共起しうるのである．このことをどのように考えたらよいだろうか．

本章では，「それも」のこのような特異性は，同要素に文法化のプロセスでいわゆる主体化（Subjectification）が生じた結果であろうと考える．"Subjectification" は Langacker（1998），Traugott（1995）では以下のように説明されている．

> Langacker (1998:75)
> An objective relationship fades away, leaving behind a *subjective* relation that was originally *immanent* in it (i.e. inherent in its conceptualization).

> Traugott (1995:32)
> 'Subjectification in grammaticalisation' is, broadly speaking, the

development of a grammatically identifiable expression of speaker belief or speaker attitude to what is said. It is a gradient phenomenon, whereby forms and constructions that at first express primarily concrete, lexical, and objective meanings come through repeated use in local syntactic contexts to serve increasingly abstract, pragmatic, interpersonal, and speaker-based functions.

これまでの本章の分析をまとめる形で言えば,命題的あるいは概念的内容を表していた「指示詞の「それ」+とりたて詞の「も」」が,文法化のプロセスを経て,接続表現「それも」としてテキスト連結的内容を表すようになり,さらに話者態度表出的内容を帯びるようになったのであろう.


## 4. まとめ

本章では,接続表現としての「それも」を考察対象として取り上げ,主にその接続機能の特徴を分析したが,その結果,以下の諸点が明らかになった.
①接続機能を持つ「それも」は,「指示詞「それ」+「も」」が文法化したものである.
②このことが「AそれもB」においてもっぱらAを受けてBでもってAを詳細化するという「それも」による情報付加のあり方の特異性に反映されている.
③接続表現としての「それも」は,文法化を経て主観性を帯びるに至っている可能性がある.


注
1) 接続表現ではないが,以下にあげる「それは」や「それこそ」といった表現は,それぞれ「指示詞の「それ」+とりたて詞の「は」」,「指示詞の「それ」+とりたて詞の「こそ」」が文法化した結果,ある種の強意副詞として振舞うようになったものと思われる.

第4章 接続表現としての「それも」——情報付加のあり方と文法化の可能性—— 125

(ⅰ) 建設相就任の記者会見で「貧乏くじを引かされたと思うか」と問われ,「その部分もあろうかと思います. 何もなければ女性にも参議院にも回ってこなかったポスト. なぜ私なのか」と語気を強めた. 朝も「なり手がいないから, お鉢が回ってきたんでしょ」と自ちょう気味に漏らしていた. 莫大な公共事業予算を握り, 多くの議員のあこがれのポストである「建設大臣」. それは奇妙な光景だった.（毎日新聞 7月5日 2000年)

(ⅱ)「これはちょっとまずいのでは」と思うようになったのは, 昨年の10月ですね. 会社が希望退職者を募ったのです. 週刊誌でよくやっている「危ない会社の兆候」といった記事の通りだと思いました. 35歳を過ぎると, 転職も不利になるといわれているし, カミさんもそれは不安そうでした.（毎日新聞 9月14日 2000年)

(ⅲ)「ムラの有力者」は「ムラ」から一歩出ればただの人だが, 悲しいことに本人はそれに気がつかず, やはり有力者として振る舞い, それが許されないことに気がついて腹を立てたりもする. それこそが,「田舎者」だと私は思うのだ.（毎日新聞 7月11日 2000年夕刊)

(ⅳ) どこかが狂い, なにかが壊れている. 人間の「いのち」が, それこそ虫でも殺すかのように, とても粗末にもてあそばれている.（毎日新聞 6月16日 2000年夕刊)

(ⅰ),(ⅱ)では,「それ」が具体的な指示対象を持っているが,(ⅱ),(ⅳ)の「それ」は指示対象を持たず,「それは」,「それこそ」は意味を強めているに過ぎず, それぞれ「とても」,「まるで」といった副詞に置き換えられそうである.

2) もともと「A（名詞句）それも B（名詞句）」といった環境に現れていた指示詞としての機能を持った「それも」が, その文法化が進むにつれて, A, Bに現れる要素に関わるカテゴリーの縛りから解放されていったのではないか.

## 参考文献

Akmajian, A., 1970. "On deriving cleft sentences from pseudo-cleft sentences." *Linguistic Inquiry* Vol.1, No.2.

Chafe, W.,L., 1976. "Givenness, contrastiveness, definiteness, subjects, topics, and point of view." In:Li, Charles N.(ed.) *Subject and Topic*. Academic Press.

Declerck, R., 1984. "The pragmatics of It-clefts and Wh-clefts." *Lingua* 64.

Faraci, R. 1971. "On the deep question of pseudo-clefts"『英語学』6

福地　肇『談話の構造』大修館書店，1985．

箱崎　實「形式名詞「の」による代名用法の考察」『金田一春彦博士古稀記念論文集　第一巻　国語学編』三省堂，1983．

Halliday, M.A.K. and R. Hasan 1976. *Cohesion in English*. Longman.

浜田麻里「いわゆる添加の接続語について」仁田義雄（編）『複文に研究（下）』くろしお出版，1995．

Higgins, F.,R., 1976. "The pseudo-cleft construction in English." *Indiana University Linguistics Club*.

本多真紀子「接続詞的表現ソコデについて―因果関係的なソレデとの違いをさぐる―」『土曜ことばの会発表資料』1999a．

本多真紀子「日本語の接続詞ソコデについて―発語行為理論の観点を軸に―」日本言語学会『第119回大会予稿集』1999b．

Hopper, Paul, and Elizabeth Closs Traugott. 1993. *Grammaticalization*. Cambridge University Press.

今西典子・浅野一郎「照応と削除」新英文法選書　大修館書店，1990．

Inoue, Kazuko, 1979. "A study of discourse initial sentences." 研究報告『日本語の基本構造に関する理論的，実証的研究』

Inoue, Kazuko, 1982. "An interface of syntax, semantics, and discourse structures." *Lingua* 57.

庵　功男「結束性の観点から見た文脈指示」『日本学報』13　大阪大学文学部日本学科，1994．

庵　功男「テキスト的意味の付与について」『日本学報』14　大阪大学文学部日本学科，1995a．

庵　功男「指示詞と接続詞の連続性に関する一考察―「それ」の機能を通して―」土曜ことばの会発表資料，1995b．

伊藤　晃「日本語の分裂文の談話における機能」『さわらび』1号　文法研究会　神戸市外国語大学，1992a．

伊藤　晃「日英語の分裂文の対照研究―焦点化可能な要素に関する制約を中心に」小西友

七編『語法研究と英語教育』山口幸店，1992b．

伊藤　晃「理由を表す now that 節をめぐって」小西友七編『語法研究と英語教育』17:43-54，1995．

Kamio. Akio. 1979. "On the Notion Speaker's Territory of Information: a functional analysis of certain sentence-final forms in Japanese" Bedell, G. et al. (eds.), *Explorations in Linguistics: Papers in Honor of Kazuko Inoue* Kenkyusha.

Kamio, Akio. 1987. *Proximal and Distal Information: a Theory of Territory of Territory of Information in English and Japanese* Dissertation, University of Tsukuba.

神尾昭雄『情報のなわ張り理論―言語の機能的分析』大修館書店，1990．

河上誓作編著『認知言語学の基礎』研究社出版，1996．

北原保雄「うなぎ文の構造」『日本語の文法 日本語の世界6』中央公論社，1981．

北原保雄『日本語の文法』日本語の世界6　中央公論社，1981．

小西友七（編）『英語基本形容詞・副詞辞典』研究社，1989．

Langacker, Ronald W. 1998. "On the Subjectification and Grammaticization." Jean-Pierre Koenig (ed.) *Discourse and Cognition*. CSLI Publications.

益岡隆志『モダリティの文法』くろしお出版，1991．

益田隆志「条件表現と文の概念レベル」益田隆志編「日本語の条件表現」くろしお出版，1993．

森田良行『基礎日本語辞典』角川書店，1989．

Muraki, Masatake. 1974. *Presupposition and Thematization* Kaitakusha

Nakada Seiichi, l973. "Pseudo-clefts: What are they?" CLS 9.

中田清一「疑問文のシンタックスと意味」『日本語学』3月号，1984．

西納春雄「英語コーパス研究と World Wide Web」『英語コーパス研究』3:77-94，1996．

西山祐司「新情報・旧情報という概念について」研究報告『日本語の基本構造に関する理論的，実証的研究』，1979

西山佑司「指示的な名詞句と非指示的名詞句」『慶応義塾大学言語文化研究所紀要』第20号，1988．

西山佑司「コピュラ文における名詞句の解釈をめぐって」『文法と意味の間―国広哲弥教授還暦退官記念論文集―』くろしお出版，1990．

仁田義雄「現代日本語文のモダリティの体系と構造」仁田義雄・益岡隆志　編『日本語のモダリティ』くろしお出版，1989．

奥津敬一郎「「ボクハ ウナギダ」の文法―ダとノ―」くろしお出版，1978．

奥津敬一郎・沼田善子・杉本　武『いわゆる日本語助詞の研究』凡人社，1986．

小野　捷『英語時間副詞節の文法』英宝社，1984．

Pinkhan,J. and Hankamer, J., 1975. "Deep and shallow clefts." *CLS* 11.

Prince, Ellen F., 1978. "A comparison of wh-clefts and it-clefts in discourse." *Language* Vol.54, No.4.

Prince, Ellen F., 1981. "Toward a taxonomy of given - new information." In : Cole, P.(ed.), *Radical Pragmatics*. Academic Press.

Quirk, S. Greenbaum, G. Leech and J. Svartvik 1985. *A Comprehensive Grammar of the English Language*. Longman.

定延利之「認知的スケールへの知識の反映—「とりたて詞デモ」の分析—」「音声文法の試み—統語構造・情報構造の韻律的特徴の対応に関する研究—」文部省科学研究費重点領域研究研究成果報告書, 1993.

斉藤俊雄「英語コーパス研究の最近の動向」『英語青年』第139巻第11号:546-48, 1994.

Schourup, L. C. and T. Waida. 1988. *English Connectives*. Kuroshio.

佐藤ちえ子「日本語の分裂文」『現代の英語学』開拓社, 1981.

Sweetser, Eve E. 1990. *From Etymology to Pragmatics: Metaphorical and Cultural Aspects of Semantic Structure*. Cambridge University Press.

Traugott, Elizabeth C. 1988. "Pragmatic Strengthening and Grammaticalization." *BLS* 14

Traugott, Elizabeth C. 1989. "On the rise of epistemic meanings in English: an example of subjectification in semantic change" *Language* 65:31-55.

Traugott, Elizabeth C. 1995. "Subjectification in Grammaticalisation." Dieter Stein and Susan Wright (eds.) *Subjectivity and Subjectivisation: Linguistic Perspectives*. Cambridge University Press.

坪本篤朗「条件と時の連続牲—時系列と背景化の諸相—」益岡隆志編「日本語の条件表現」くろしお出版, 1993.

van Dijk, T. 1979. "Pragmatic connectives" *Journal of Pragmatics* 3:447-456.

■著者紹介

伊藤　晃（いとう　あきら）

1959 年　大阪府東大阪市生まれ
1982 年　関西大学商学部商学科卒業
1991 年　神戸市外国語大学第 2 部英米学科卒業
1993 年　神戸市外国語大学大学院外国語学研究科（修士課程）修了
1996 年　立命館大学大学院文学研究科博士後期課程単位取得退学
現　在　北九州市立大学基盤教育センター准教授
専　攻　英語学

## 談話と構文

2010 年 3 月 31 日　初版第 1 刷発行

■著　者――伊藤　晃
■発 行 者――佐藤　守
■発 行 所――株式会社 大学教育出版
　　　　　〒700-0953　岡山市南区西市 855-4
　　　　　電話(086)244-1268㈹　FAX(086)246-0294
■印刷製本――サンコー印刷㈱

© Akira Ito 2010, Printed in Japan
検印省略　落丁・乱丁本はお取り替えいたします。
無断で本書の一部または全部を複写・複製することは禁じられています。

ISBN978-4-88730-979-1